Schätze aus der Restekiste 1

Ich freue mich, dass es nun doch gelungen ist, das Buch noch mal aufzulegen. Da keine Druckdatei mehr vorhanden war, mussten wir alle Texte neu setzen und alles möglichst nahe am alten Layout wieder zusammenfügen, damit Sie alle Anleitungen unter der gleichen Seiten-Nummer wieder finden.

Ich wünsche Ihnen viel Spaß beim Nacharbeiten, freue mich über Fotos Ihrer fertigen Arbeiten - und vielleicht begegnen wir uns ja mal auf irgendeiner Ausstellung.

Eli Thomae

Inhalt

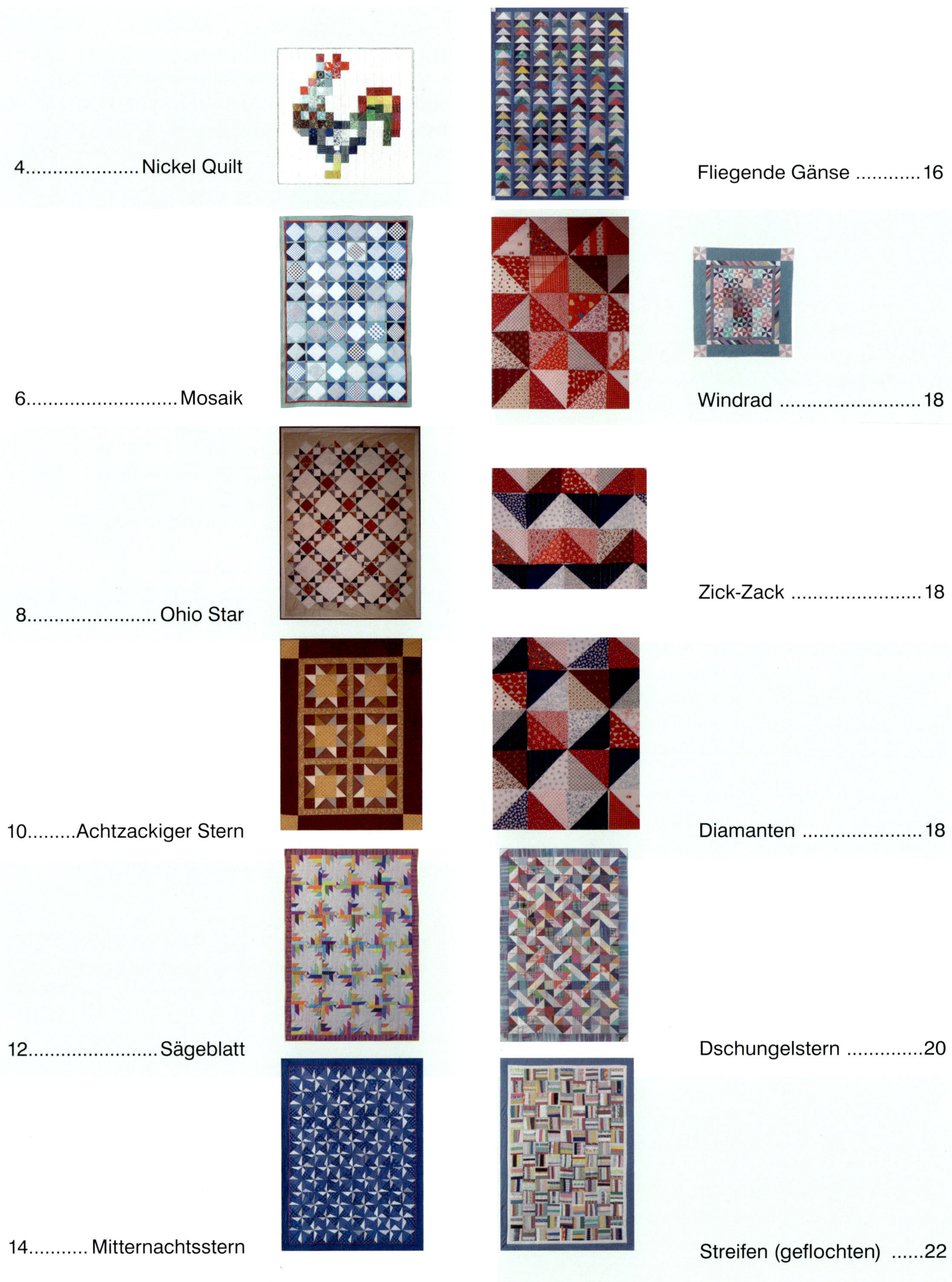

Streifentücher

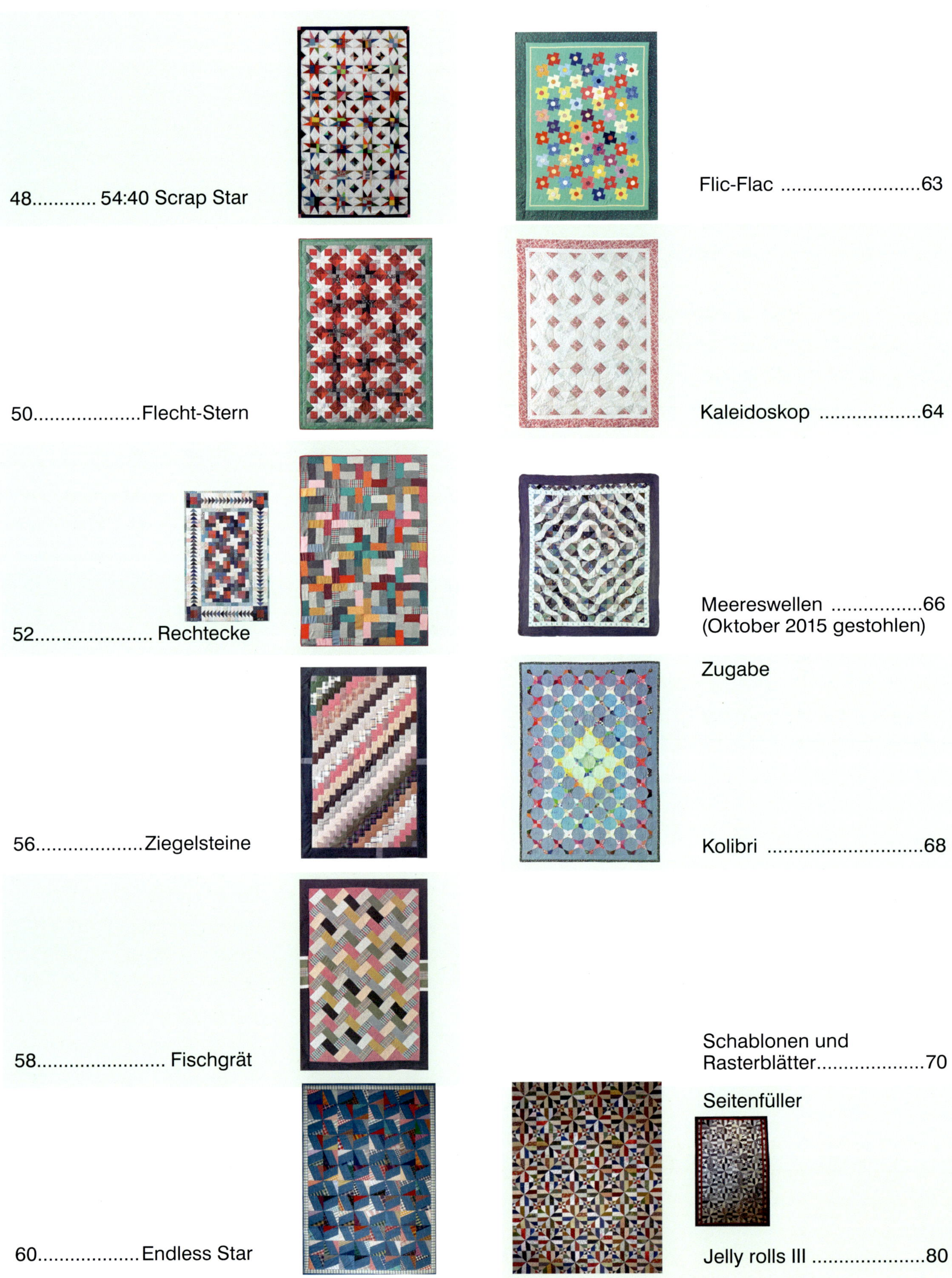

Am Anfang war der Stoff ...

Irgendwann sind Sie alle vom Patchwork-Virus befallen worden. Bei mir ist das schon ziemlich lange her. Anfang der 50er Jahre hatten meine Eltern eine Teil-Wohnung, die andere Hälfte war eine Schneiderwerkstatt. Ich verbrachte jede freie Minute mit den Stoffresten, und das ist auch so geblieben. Die Faszination des Materials „Stoff" hat sich nicht verloren.

Bei mir ist Ostern und Weihnachten am selben Tag, wenn mir ein lieber Mensch eine Bananenkiste mit den Schneiderabfällen von „Tante Lisa" vor die Türe stellt. Out, dass mich (fast) niemand beobachtet, wenn ich diese Schatzkiste dann sichte. Es gibt so schöne Stoffe und auch so hässliche, alle haben ihre Berechtigung, ich muss nur die richtige Verwendung finden. Bis es so weit ist, lagere ich die Stoffe gut sortiert nach Stoffqualität, Farbe... Gott sei Dank habe ich eine große Werkstatt mit vielen Regalen (Obstkisten gibt es im Supermarkt.) Da ich schon lange sammle, habe ich von Allem eine große Auswahl.

Meine Restequilt-Kollektion soll Ihnen zeigen, dass alles möglich ist, egal, ob Sie mit alten Hemden, mit Streifendurcheinander, Blümchenstoffen oder Flanellresten arbeiten - wichtig ist nur, dass Sie aus einer gewissen Vielfalt schöpfen können und die Stoffe sortieren (ob hell-dunkel, rot-blau oder uni-gemustert ergibt sich aus dem Bestand). Beim Hell-Dunkel-Sortieren fragen Sie sich vielleicht manchmal: Hell oder Dunkel? Diese Stoffe verwende ich dann „sowohl als auch" - ein „mittlerer" Stoff wirkt in heller Umgebung dunkel und umgekehrt. Ich nenne sie bei mir „Grenzgänger. Mit ihnen wirkt jeder Quilt lebendig und sie lösen auch die zuweilen harten Umrisse eines Musters auf. Kopieren können Sie „meine" Quilts nicht, denn Ihre Reste sehen anders aus; ich will Ihnen aber Anregungen geben: Vielleicht Muster X.X mit Stoffsortiment AA?

Die Anleitungen im Buch sind fast alle auf eine Blockgröße von 30 x 30 cm (oder 32 x 32 cm) ausgerechnet. Mit 24 Blocks plus Borte könnten Sie einen Bettenquilt nähen. Ich habe mich mit meinen Quilts nicht immer an diese Maße gehalten, ich orientierte mich an der Größe der Reste. Damit auch Sie in anderen Maßen arbeiten können, finden Sie unter **Zuschnitt** immer eine neutrale Formel. Sie enthält **X**; diese Größe bezeichnet das Fertigmaß des Blockes. Beim Zuschneiden kommt aber immer noch die Nahtzugabe (NZ) hinzu. Leider spielt uns da die Geometrie (bzw. der Pythagoras) einen Streich. Die Nahtzugabe verändert sich nämlich mit den Winkeln, an denen sie anliegt. (Hier spielt die Quadratwurzel **$\sqrt{2}$ - ca. 1,42** - eine Rolle.) Ich arbeite metrisch, also mit Zentimetern, und nähe nähfüßchenbreit, also mit 0,75 cm NZ. Hier drei Skizzen, die Ihnen die Veränderungen der Nahtzugabe veranschaulichen.

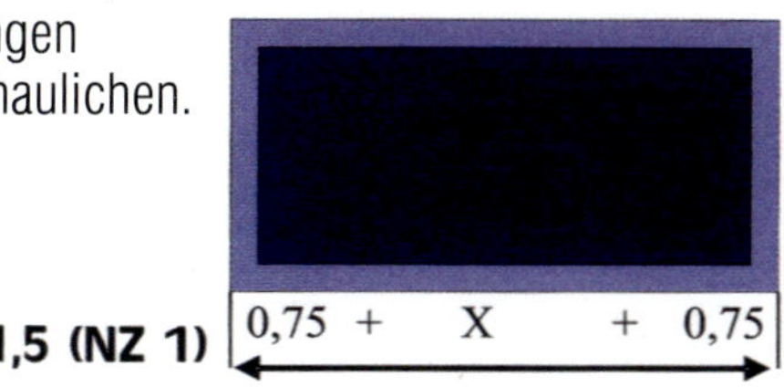

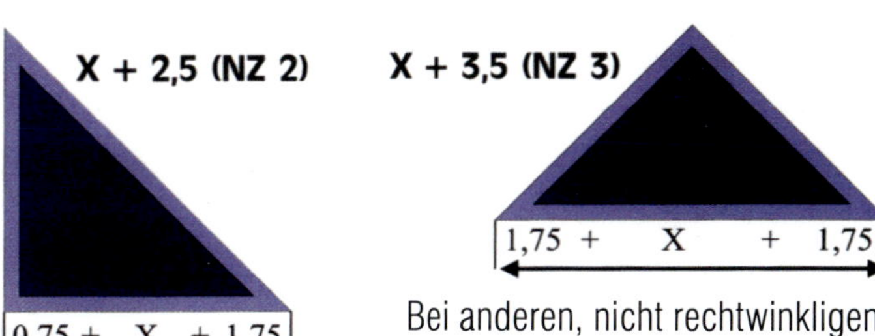

Bei anderen, nicht rechtwinkligen Dreiecken ist es noch mal anders; dazu gäbe es Winkelfunktionen, die will ich aber nicht wirklich wissen, dazu kommen sie zu selten vor. Wenn ich sie brauche, zeichne ich mir mein Format 1:1 auf und füge rundum die Nahtzugabe im Abstand von 0,75 cm zu und messe dann das Zuschnittmaß aus.

Wenn Ihnen das alles zu kompliziert erscheint, nähen Sie doch einfach den Block mit den angegebenen **roten** Maßen, dann erreichen sie das angegebene Fertigmaß.

Es gibt zu keinem Block eine Stoffmengenberechnung, da Sie ja mit Resten arbeiten. Es kommt schon vor, dass ich eine Idee verfolge, meine Reste sortiere, zu nähen beginne und dann bei „Halbzeit" feststelle, Rest A reicht nicht. Das führt bei mir nicht zur Panik, sondern mich an mein Regal und ich suche in meiner Stoffsammlung nach Ersatz. Bis jetzt habe ich immer etwas gefunden. Sie dürfen beim Umgang mit Resten nicht eine zu „fertige" Vorstellung von Ihrem Quilt haben. Spielen Sie bis zum Schluss mit Ihren Blocks. Die Anordnung verändert nochmals ganz stark den Gesamteindruck.

„Selten ein Schaden ohne Nutzen", d. h. wenn ein Stoffrest aufgebraucht ist, verleiht der „Ersatz" Ihrer Arbeit erst den besonderen Pfiff.

Wir stehen in Museen vor antiken Quilts und bewundern die Unbekümmertheit, mit der die Stoffe kombiniert wurden: vielleicht war auch hier nur der eine Stoff alle und neue kaufen konnte man nicht, also hat man mit einem anderen weiter gemacht.

Die Gliederung des Buches ergibt sich aus den vorhandenen Resteformaten:

- Quadrate
- Dreiecke
- Streifen
- Quadrate und Streifen
- Rechtecke

Wenn Sie also viele Streifenreste haben, schauen Sie sich das „Streifenkapitel" an. Meine Streifenkiste ist immer ziemlich voll. Ich fülle sie immer wieder auf, indem ich neue Stoffe, die immer schief geschnitten sind, begradige. Dabei schneide ich nicht nur minimal im rechten Winkel zur Webkante, sondern ein bisschen mehr. So kann ich den ‚Abfall" auch noch verwenden. Das ist einer meiner Tricks, mit denen ich dafür sorge, dass mir das Material nicht ausgeht - denn Ideen habe ich noch viele.

Ich wünsche Ihnen viel Spaß beim Blättern und Lesen; lassen Sie sich von den Beispielen anregen und entwerfen Sie dann Ihre Quilts - Sie werden staunen, was alles möglich ist.

Eli Thomae

Germaringen, Oktober 2005

1.01 Nickel-Quilt

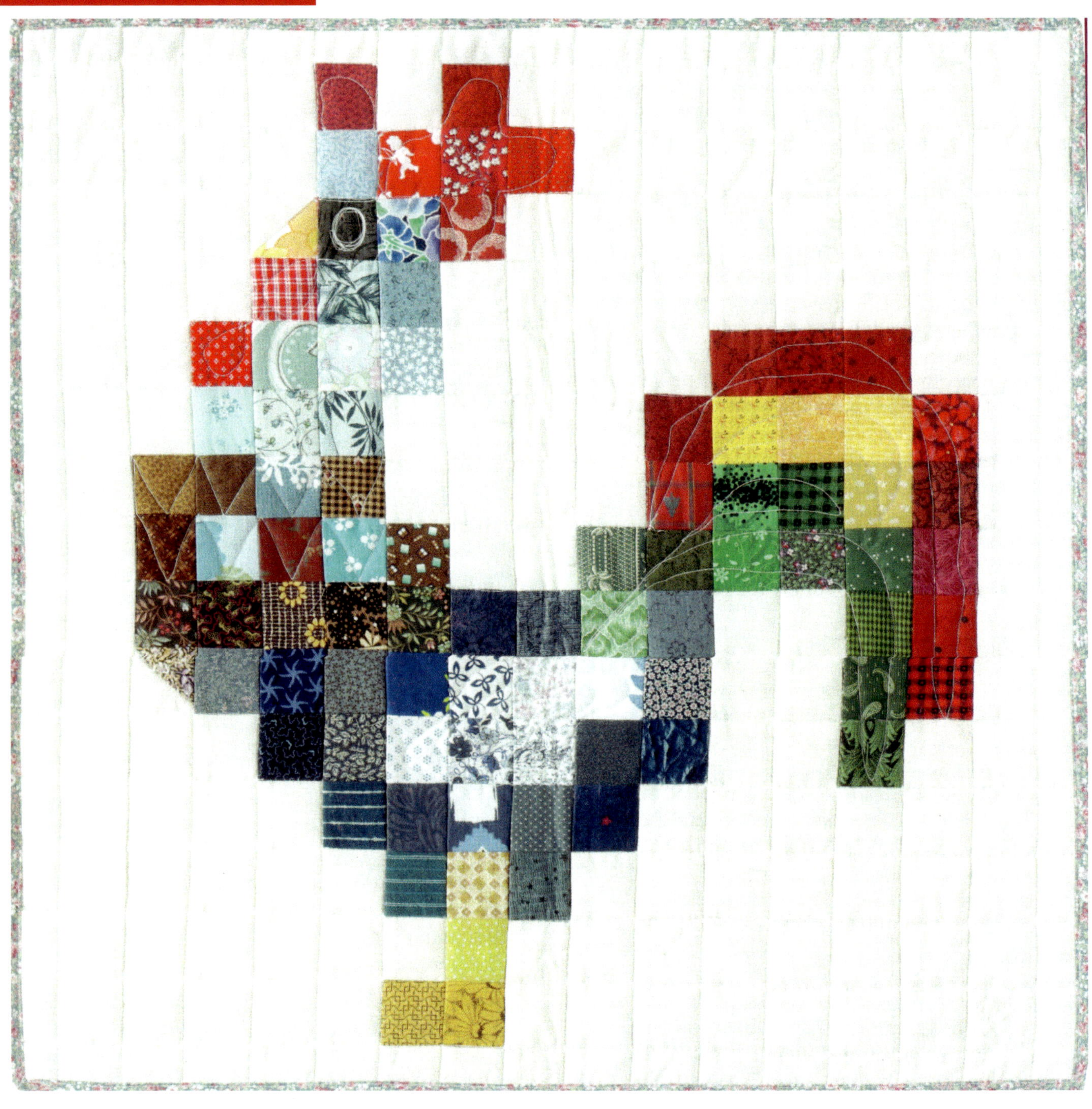

2004, 70 x 70 cm

Kleinreste verwende ich gerne für Colourwash-Quilts oder Ähnliches. Das Wort „Nickel“ ist im Amerikanischen übrigens die Bezeichnung für das Fünfcentstück Es handelt sich hier also um Quilts, die mit Stoffresten minimaler Größe gearbeitet sind.

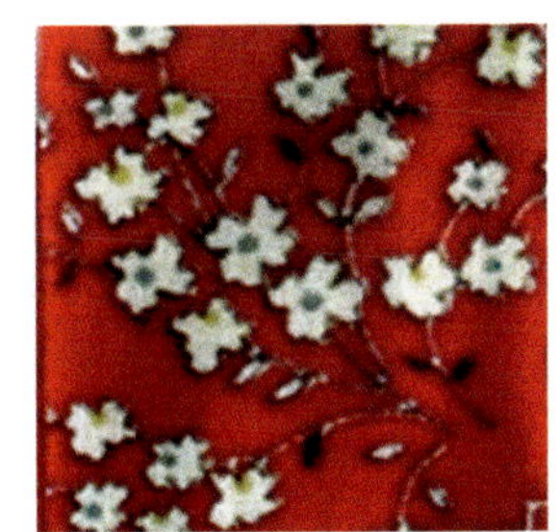

FM 5 x 5 cm

Zuschnitt:

Ich schneide Quadrate von **5 x 5 cm** zu.

Nähanleitung:

Sie müssen eine große Menge von Quadraten haben, um mit Farbe und Musterung spielen zu können.

Eine andere Möglichkeit zur Verwendung der kleinen Quadrate ist die Umsetzung eines Stickmusters (auch Häkelmuster und Norwegermuster eignen sich). Hierfür nutze ich das Hilfsmittel Quilter's Grid, eine dünne Vlieseline mit Gitterlinien und Klebeschicht. Das Gitter erleichtert Ihnen das Auszählen des Musters und wenn alles aufgelegt ist, können Sie die Teile mit dem Bügeleisen fixieren.

Das Nähen erfolgt nach Produktanweisung. Alle Linien einer Richtung falten und nähen, dann jeweils an der Kreuzung einschneiden und die Nähte der anderen Richtung nähen, dabei die Nahtzugaben trennen.

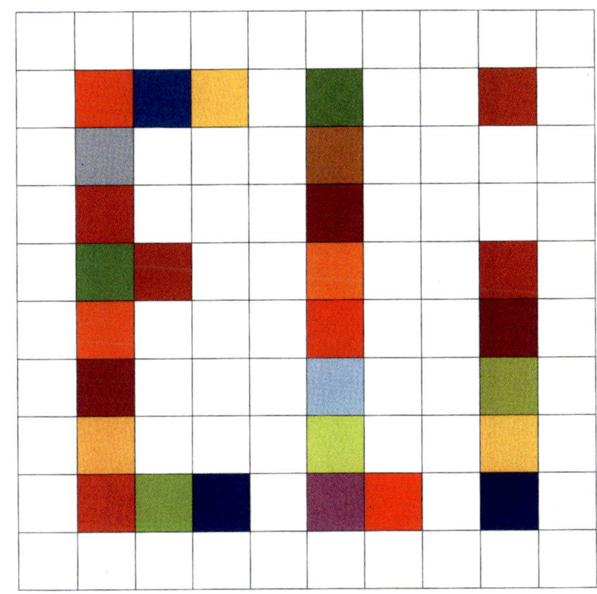

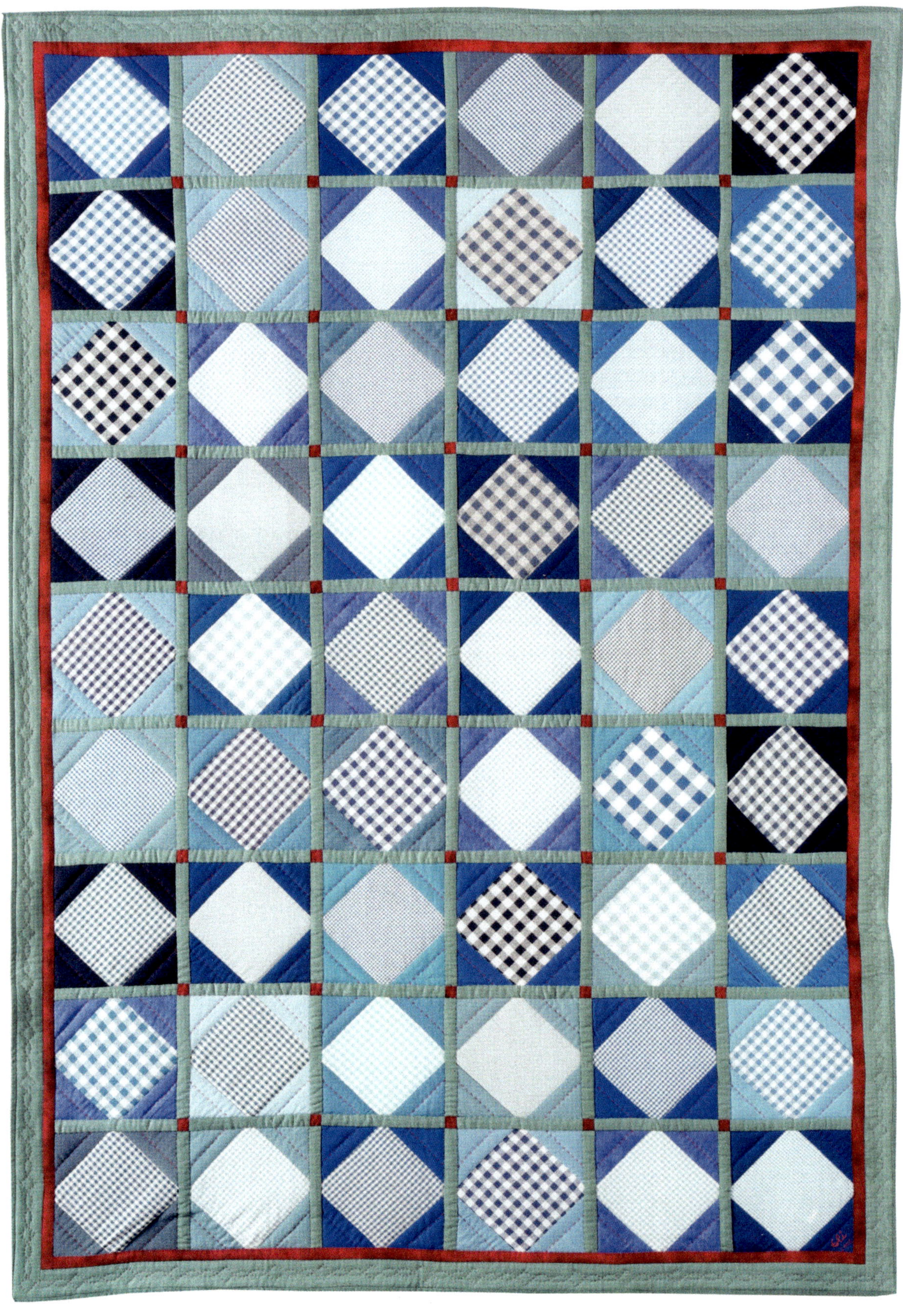

Für Joachim, 2005, 200 x 140 cm

Das Mosaik wird aus lauter gleich großen Quadraten zweier Gruppen genäht. Dabei bietet sich auch an, Motivstoffe zu verwenden.
Die Nähtechnik hat zur Folge, dass bei dem Mittelquadrat die Spitzen wegfallen.

FM: 20 x 20 cm

Zuschnitt:

Hier müssen Sie entweder beim Zuschnitt oder beim Endmaß des Blocks ein „ungerades Maß“ akzeptieren. Das liegt an der $\sqrt{2}$ (~1,42), die in der Formel enthalten ist. Sinnvollerweise nehmen Sie das „krumme“ Endmaß hin, dann ist das Zuschneiden einfacher.
2 Quadrate (je 1 Quadrat aus den beiden Stoffgruppen, z. B. blau und weiß)

(X+ NZ 1) : $\sqrt{2}$ + NZ 1

→ (20 + 1,5) : 1,42 + 1,5 → (21,5 :1,42) + 1,5 → 15,14 + 1,5 → **16,64 cm**
(Ich schneide **reichlich 16,5 cm** zu.)

Nähanleitung:

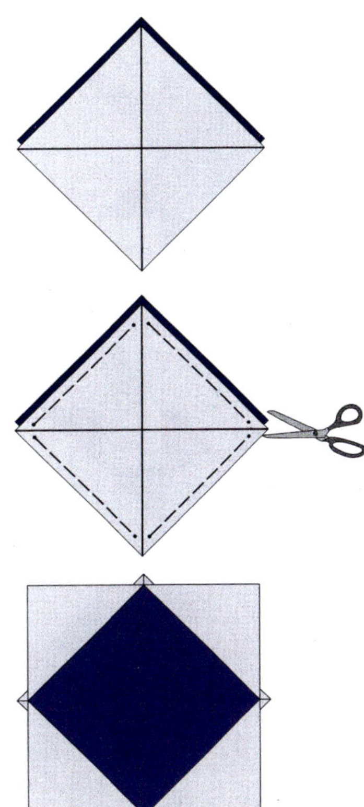

a) Je 1 Quadrat aus jeder Gruppe rechts auf rechts aufeinander legen und auf dem oberen Quadrat beide Diagonalen markieren.

b) Entlang der Außenkante nähfüßchenbreit nähen.
Achtung: An den Ecken 2-3 Stiche offen lassen!

c) **Oberstoff** in der Diagonalen mit der Schere aufschneiden.

d) Die so entstandenen Dreiecke nach außen klappen und bügeln.

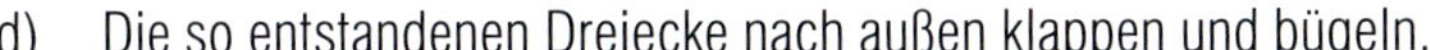

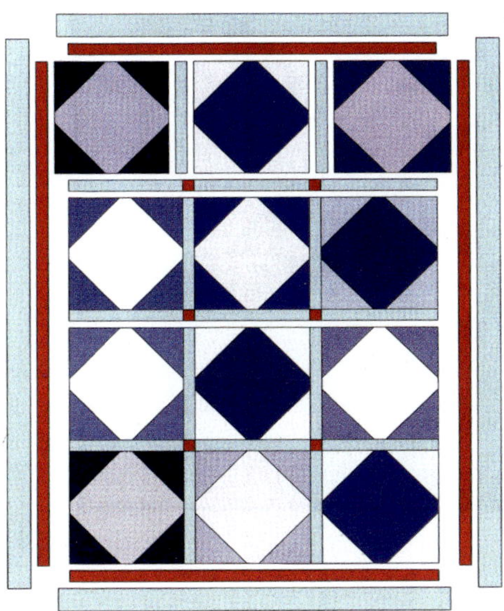

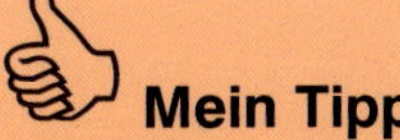

Mein Tipp:

Um Anhäufungen von dicken Nahtzugaben zu vermeiden, empfiehlt sich das Zusammennähen mit Trennstreifen.

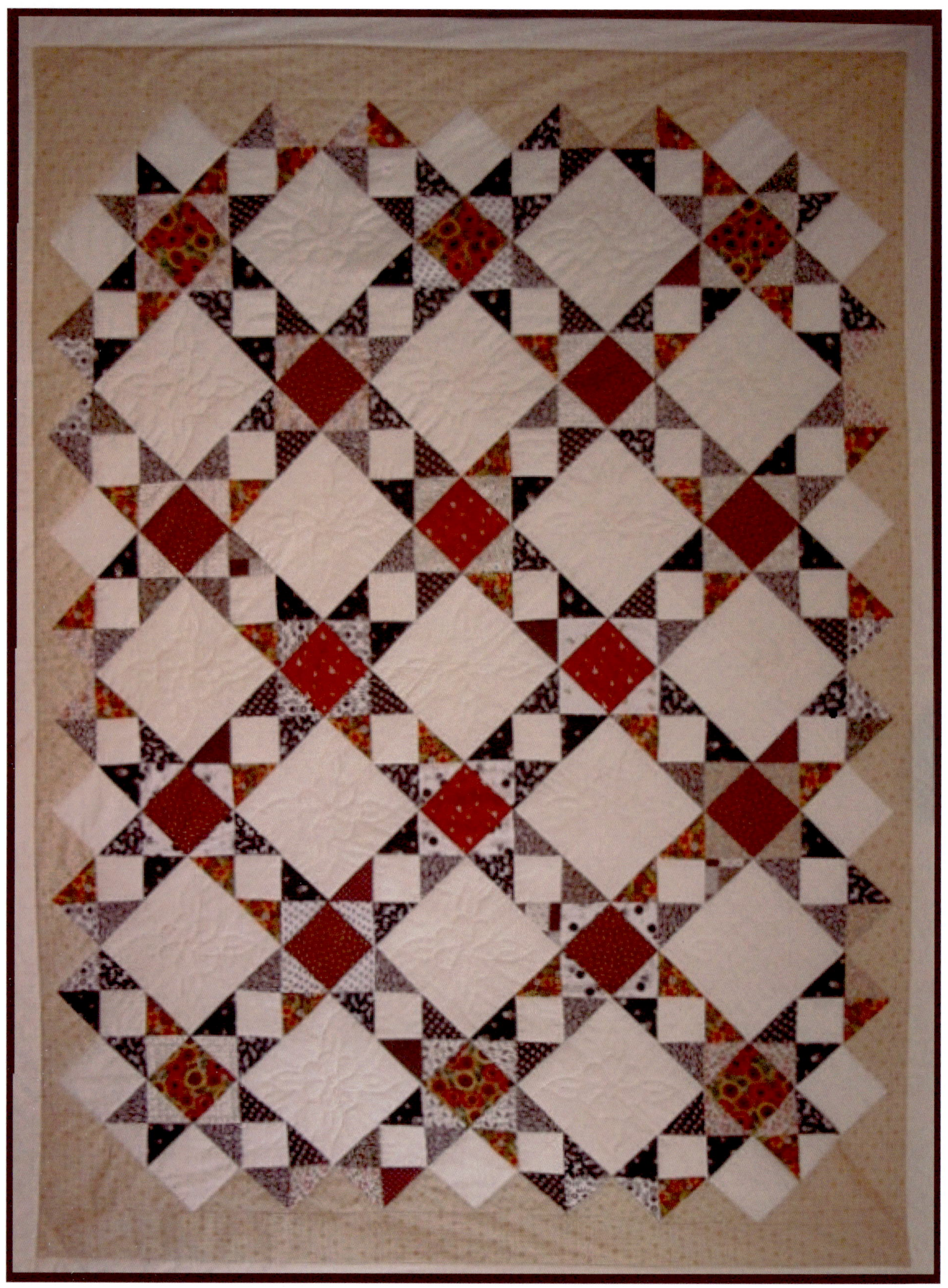

Für Theodora, 2005, 200 x 140 cm

Für den Ohio Star brauche ich viele helle und dunkle Dreiecke.
Fix und fertige quadratische Einheiten aus diesen lassen sich ganz einfach über ein „Schachbrett" herstellen.

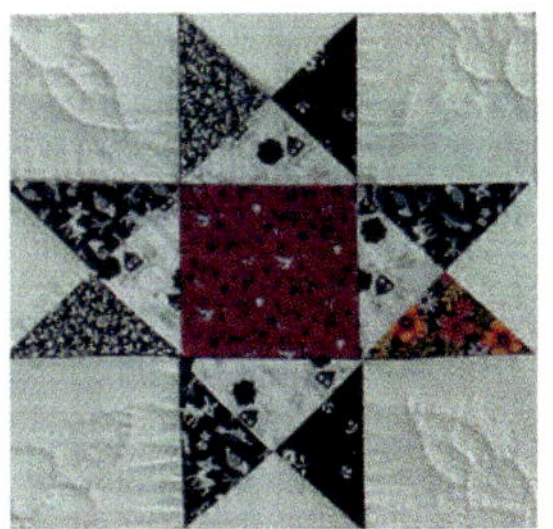

FM: 30 x 30 cm

Zuschnitt (für 2 Sterne):

1. Da hier mit der Diagonalen des Quadrates gearbeitet wird, ergeben sich leider keine „schönen" Zuschnittmaße.
   16 Quadrate (je 8 in Sternen- und Hintergrundfarbe)

(1/3 X+ NZ 1) : $\sqrt{2}$ + NZ 1

➜ (1/3 x 30 + 1,5) : 1,42 + 1,5 ➜ (10 + 1,5) : 1,42 ➜ 11,5 : 1,42 +1,5 ➜ 8,09 + 1,5
➜ 8,09 + 1,5 ➜ **9,59 cm** (Ich schneide **reichlich 9,5** cm zu.)

2. Zur Ergänzung pro Stern:
   4 Quadrate Hintergrundstoff, 1 Quadrat Sternenstoff (Mittelquadrat)
   1/3 x + 1,5 ➜ 1/3 x 30 + 1,5)➜ 10 + 1,5 ➜ **11,5 cm**

Nähanleitung: (Ergibt Zackenreste für 2 Sterne)

a) Aus **Zuschnitt 1** ein Schachbrett nähen

b) Das Schachbrett diagonal zerschneiden
   1. durch die dunklen Quadrate
   2. durch die hellen Quadrate

c) Die abfallenden Randstücke ergeben mit ihrem „Gegenüber" weitere Zackenelemente.

d) Diese Teile mit dem **Zuschnitt 2** zu ganzen Sternen ergänzen.

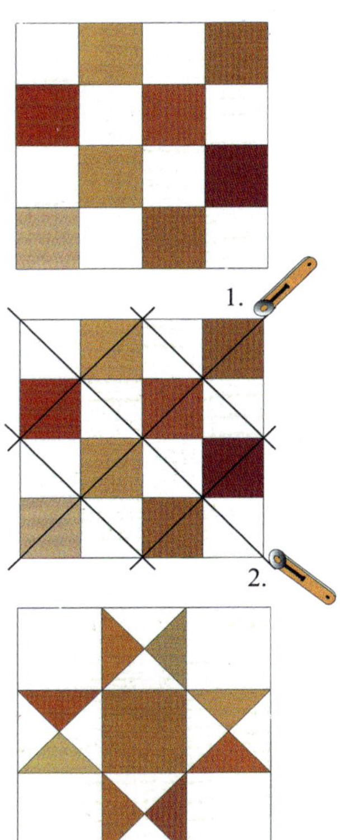

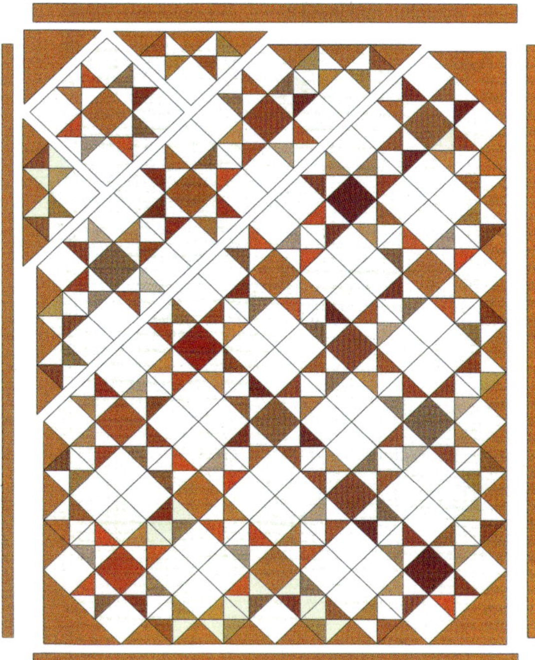

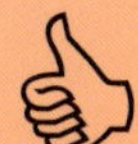

Mein Tipp:

Dieses Muster wirkt auch sehr schön auf die Spitze gestellt.

Dazu brauchen Sie noch „Fülldreiecke", aus Quadraten der Größe **X + 5 cm** einmal diagonal geteilt. Diese Dreiecke sind reichlich bemessen und bieten dadurch die Möglichkeit, den Außenrand nachzuschneiden.

1.04 Achtzackiger Stern

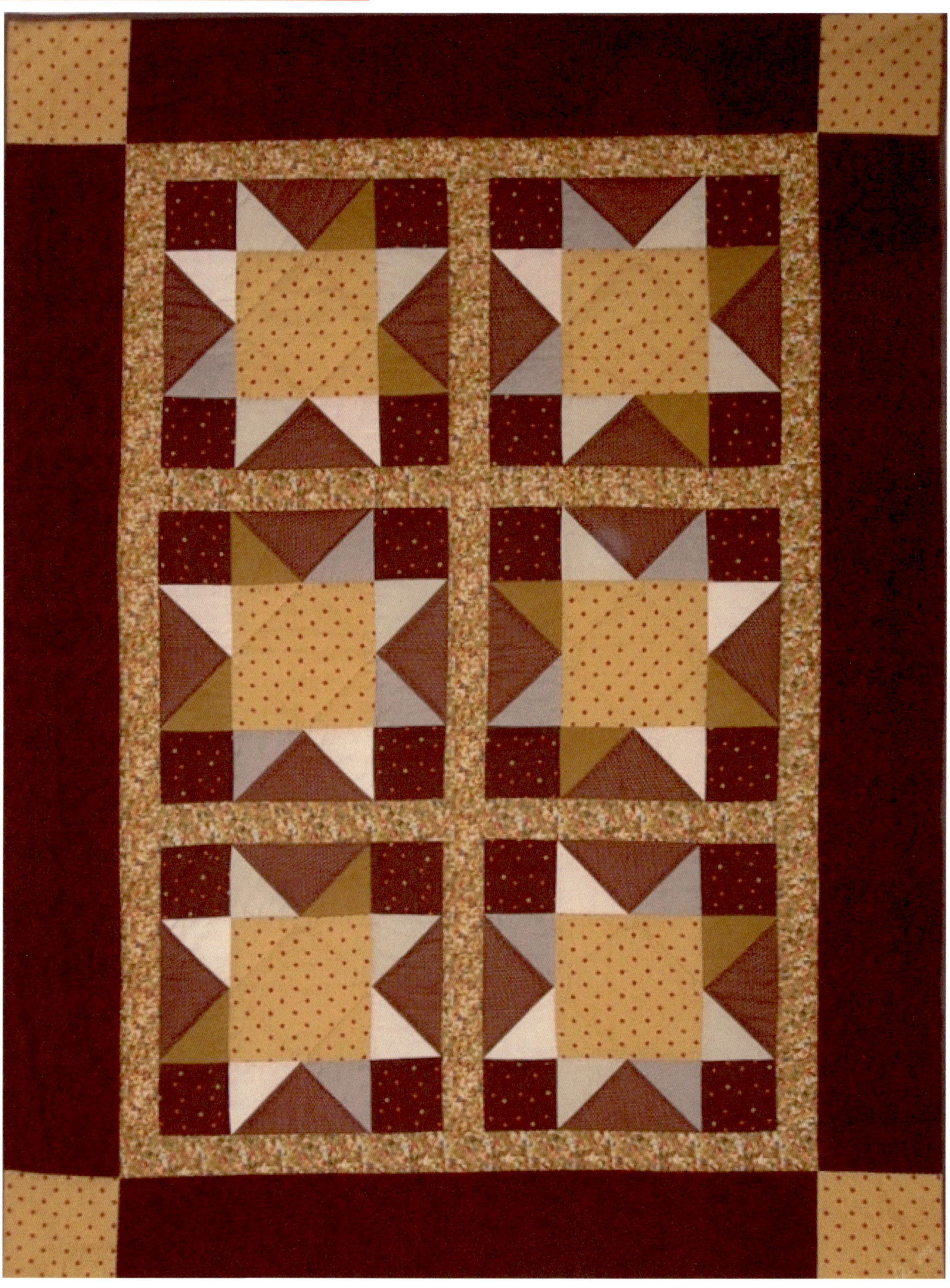

1999, 140 x 100 cm

Ich nähe diesen Stern gerne mit der „4-Gänse-Methode“, denn dadurch entsteht eine gute Durchmischung der „Zackenstoffe“.

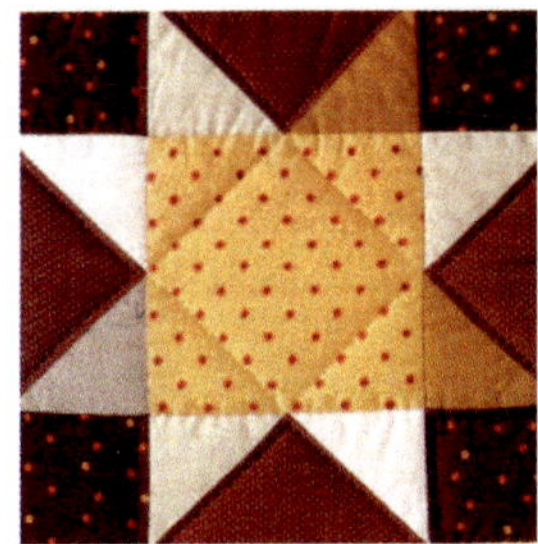

FM: 30 x 30 cm

Zuschnitt:

1.1 **Für die 4-Gänse-Methode**
1 großes Quadrat Hintergrundstoff
1/2 X + NZ 3 → 1/2 x 30 + 3,5 → 15 + 3,5 → **18,5 cm**

1.2 4 kleine Quadrate Sternenstoff
1/4 X + NZ 2 → 1/4 x 30 + 2,5 → 7,5 + 2,5 → **10,0 cm**

2.1 **Zur Ergänzung:**
1 Quadrat Sternenstoff (evtl. Motivstoff)
1/2 X + NZ 1 → 1/2 x 30 + 1,5 → 15 + 1,5 → **16,5 cm**

2.2 4 Quadrate Hintergrundstoff
1/4 X + NZ 1 → 1/4 x 30 + 1,5 → 7,5 + 1,5 → **9 cm**

Nähanleitung:

(Die **Zuschnitte aus 1** verwenden)

a) Auf der rechten Seite des großen Quadrates beide Diagonalen markieren, auf der linken Seite der 4 kleinen Quadrate je eine Diagonale markieren.

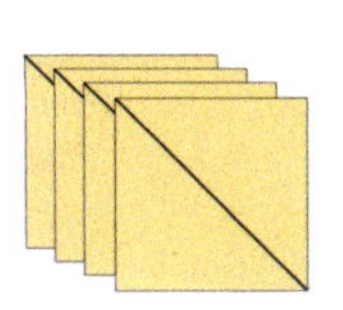

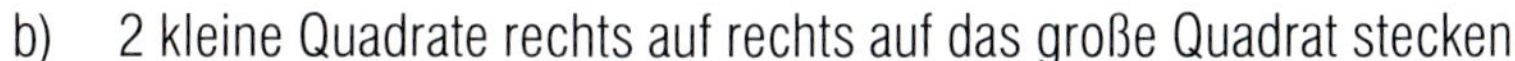

b) 2 kleine Quadrate rechts auf rechts auf das große Quadrat stecken.

c) Links und rechts von der Diagonalen füßchenbreit nähen, auf der Diagonalen schneiden, die Dreiecke umklappen und bügeln.

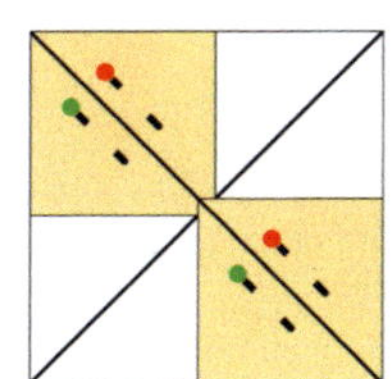

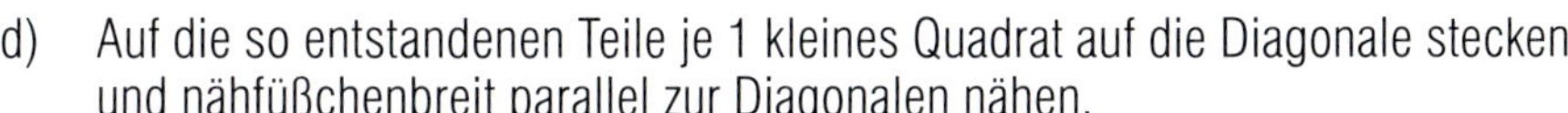

d) Auf die so entstandenen Teile je 1 kleines Quadrat auf die Diagonale stecken und nähfüßchenbreit parallel zur Diagonalen nähen.

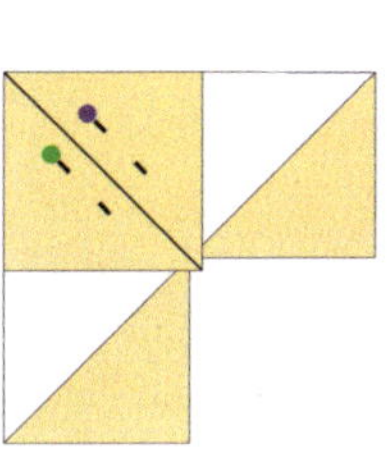

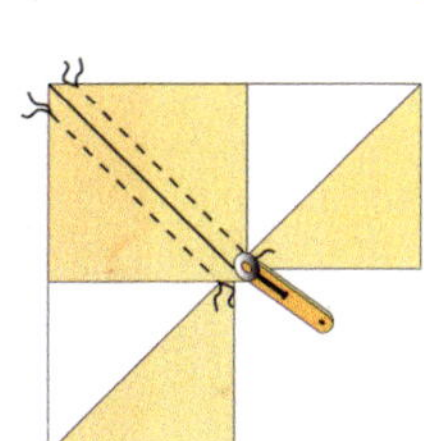

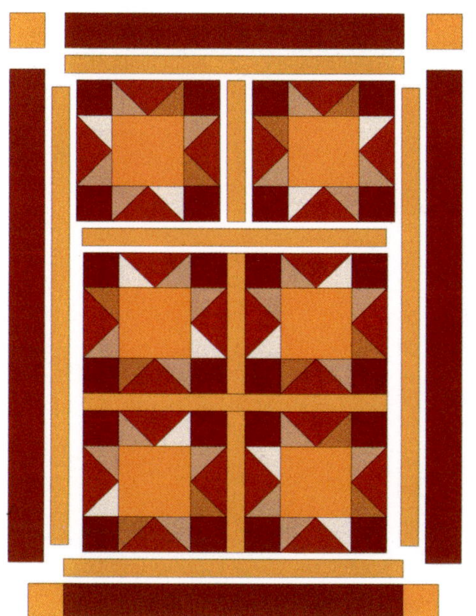

e) Wieder auf der Diagonalen schneiden, umklappen, bügeln. So entstehen 4 fliegende Gänse.

f) Mit den **Zuschnitten aus 2.1 und 2.2** zum achtzackigen Stern ergänzen.

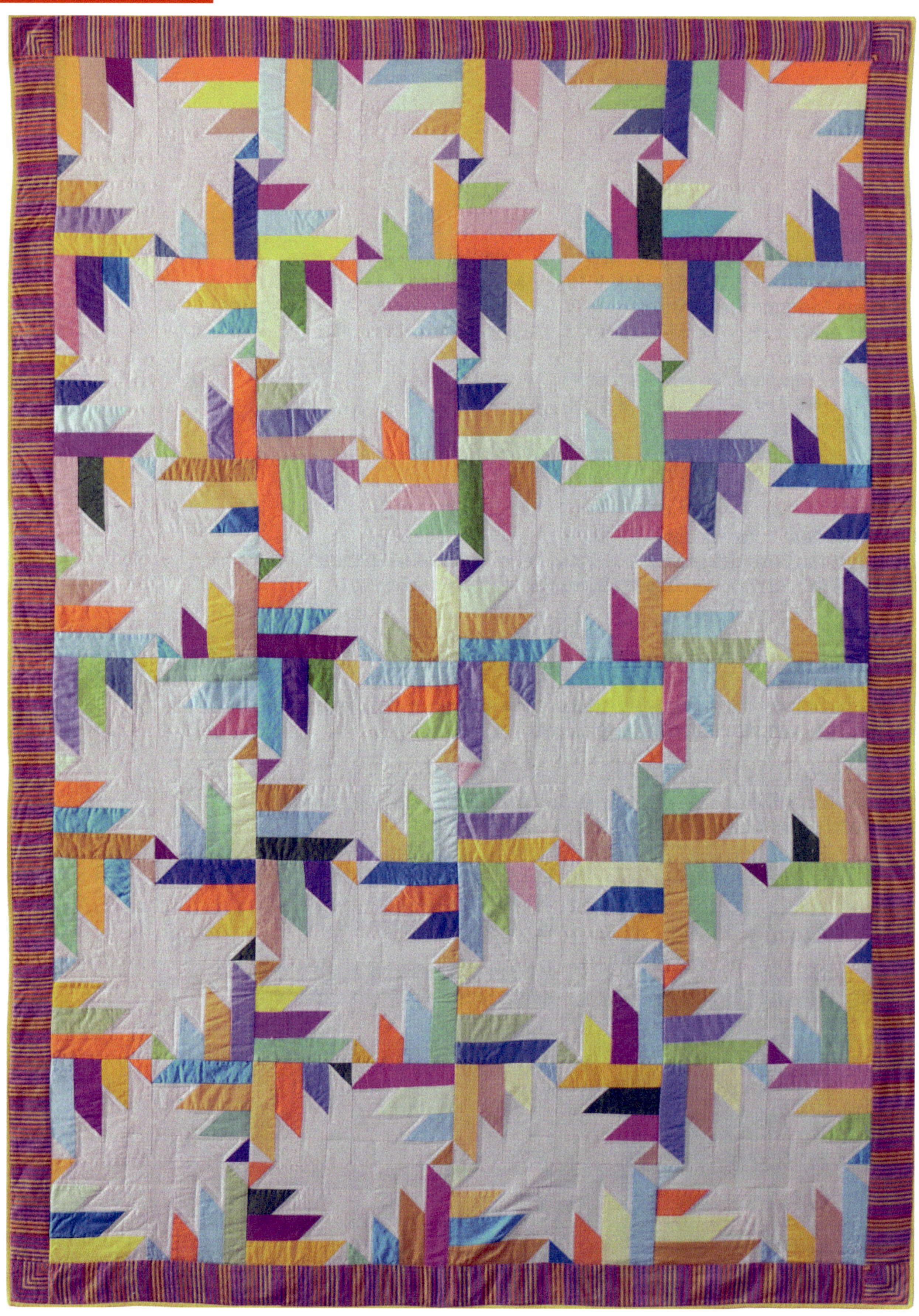

2005, 204 x 143 cm

Das Sägeblatt besteht aus 4 gleichen Einheiten.
Es gibt eine einfache Technik, diese aus Streifen zusammengesetzten Einheiten aus einem diagonal geteilten Quadrat zu fertigen.

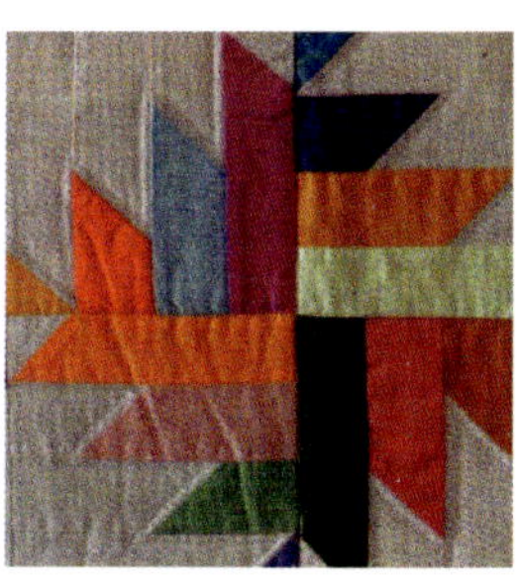

FM: 32 x 32 cm

Zuschnitt:

Das Maß des Quadrates errechnet sich wie folgt aus dem Fertigmaß der Einheit und der Anzahl y der Schnitte. (Ich schneide dreimal.)

4 Quadrate (je 2 helle und dunkle)

1/2 X + y x NZ 1 + NZ 2

→ 1/2 x 32 + 3 x 1,5 + 2,5 → 16 + 4,5 + 2,5 → **23 cm**

Nähanleitung:

a) Immer ein helles und ein dunkles Quadrat rechts auf rechts legen, Diagonale markieren und jeweils links und rechts davon nähfüßchenbreit nähen. Auf der Diagonalen schneiden.
Es entstehen 2 zweifarbige Quadrate **(22 x 22 cm)**

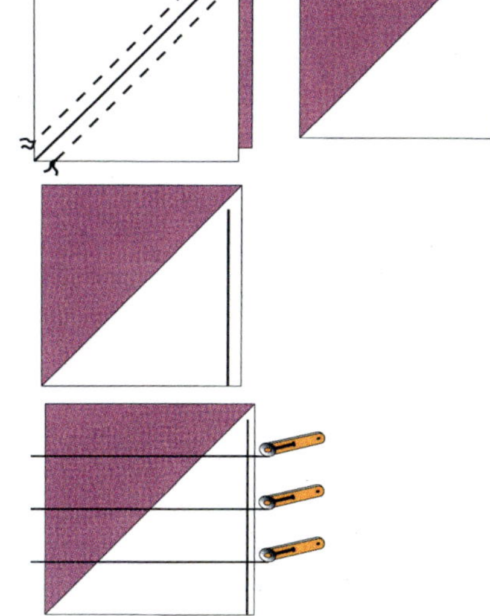

b) Bei beiden Quadraten jeweils auf dem hellen Stoff die Nahtzugabe von knapp 1,5 cm markieren.
(Die brauchen Sie später beim Zusammennähen.)

c) Die Quadrate in vier Streifen schneiden.
(Streifenbreite 22 : 4 → **5,5 cm**)
Bitte achten Sie darauf, dass die Quadrate immer gleich vor Ihnen liegen: **dunkel links oben**.
Pro Block werden 4 Quadrate benötigt. Es ist sinnvoll, die Streifen (1, 2, 3, 4) sortiert zu halten. Das erleichtert das Zusammennähen.

d) Das Zusammennähen erfolgt „am Band" und mit getauschter Reihenfolge. Alle Teile 4 werden mit den Teilen 3 - um die Nahtzugabe versetzt - aneinander gefügt...

e) ...und so weiter...

f) Es entstehen Teile, die auf zwei Seiten einen gestaffelten Rand haben. Diesen begradigen, dabei gleich das Gesamtmaß kontrollieren.

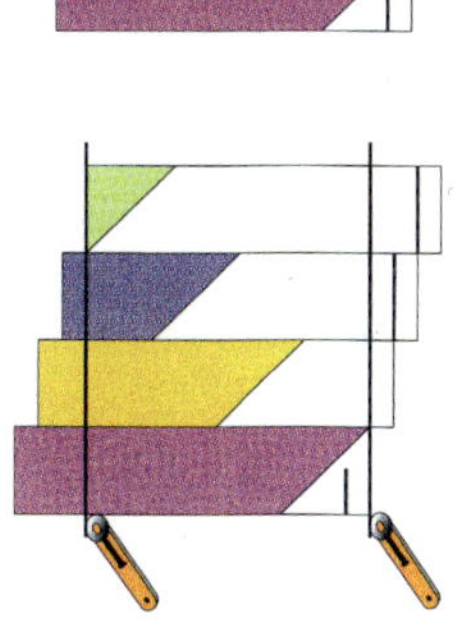

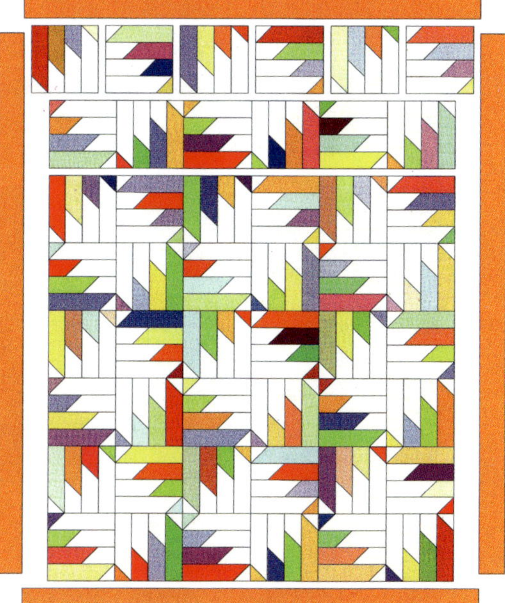

Die Einheit sollte eine Kantenlänge haben von:

1/2 X + NZ 1

→ 1/2 x 32 + 1,5 → 16 + 1,5 → **17,5 cm**

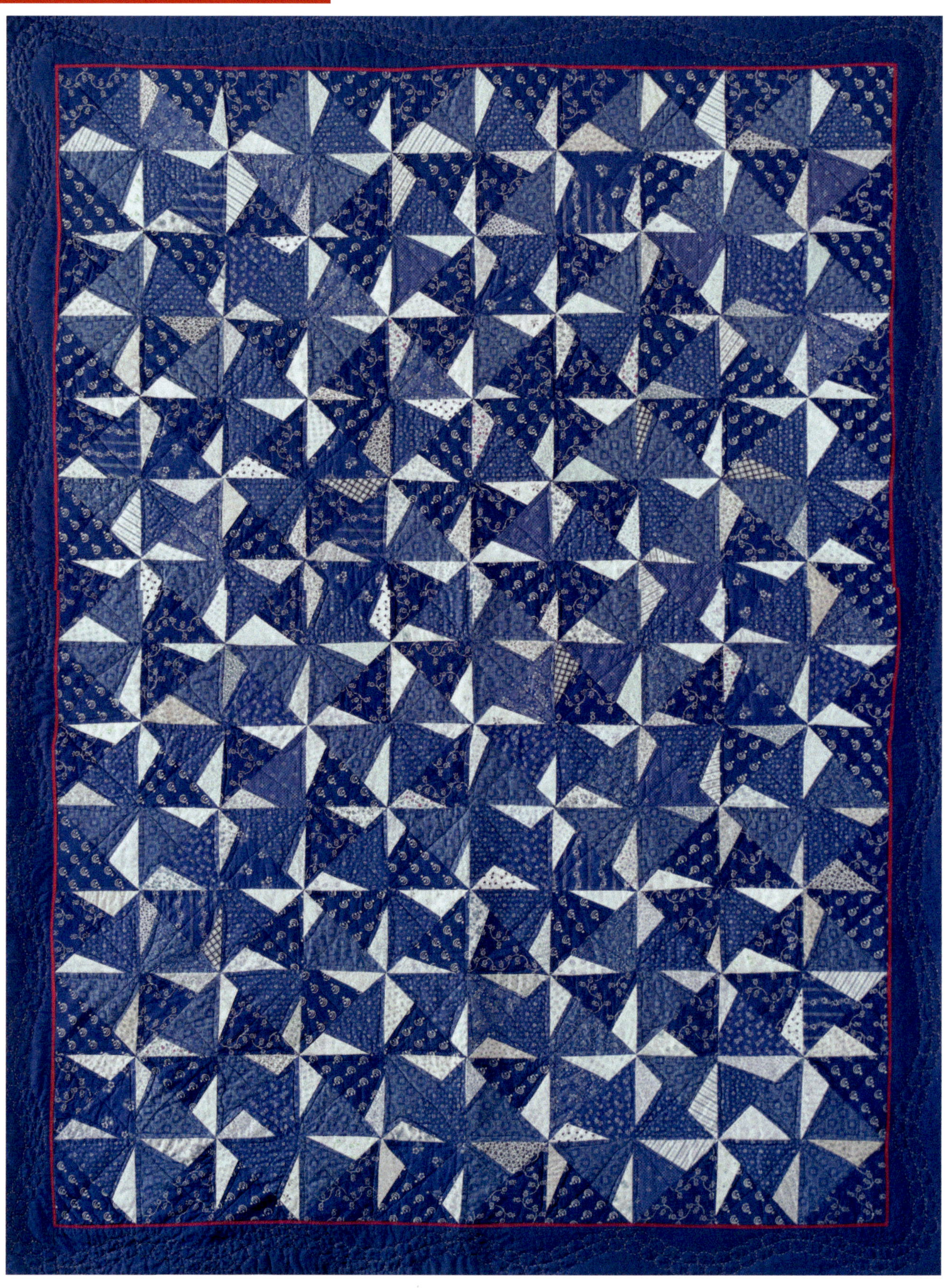

2005, 190 x 140 cm

Ich habe meinen Quilt aus ungarischen Blaudruckresten und hellen Teilchen aus der Restekiste genäht. Das weiße Muster des Blaudrucks lässt den Nachthimmel funkeln. Dieses Muster gibt es in zwei Versionen:

1. Die Sterne stehen in Reihen über- und nebeneinander
2. Die Sterne stehen versetzt.

Der Schwierigkeitsgrad beim Nähen ist gleich, aber Version zwei erfordert mehr Zeit.

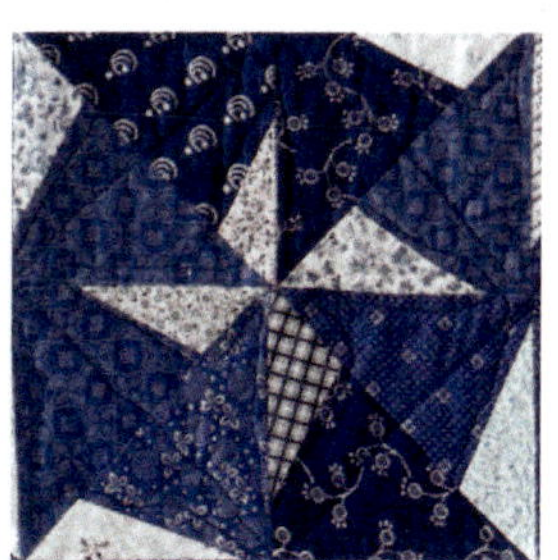

FM: 30 x 30 cm

Zuschnitt:

Sie brauchen lauter gleich große rechtwinklige Dreiecke in Hintergrundfarbe und kleine Reste in „Sternenfarbe“. 4 Quadrate einmal diagonal geteilt ergeben 8 Dreiecke.

1/2 X + NZ 2

➜ 1/2 x 30 + 2,5 ➜ 15 + 2,5 ➜ **17,5 cm**

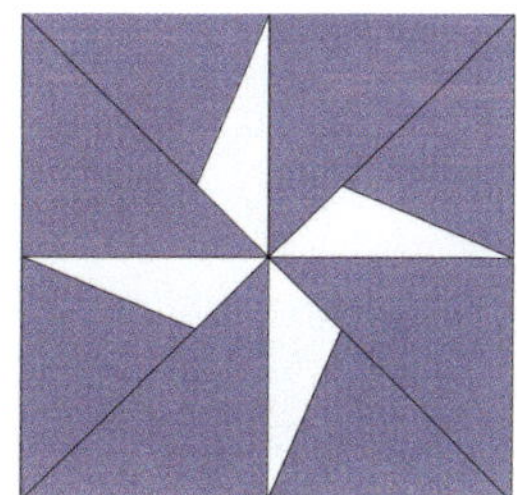

Version 1

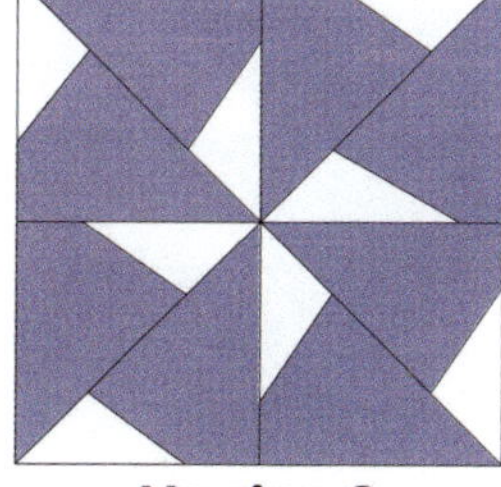

Version 2

Für den Block „Version 1“ werden 4 Dreiecke mit Zacken und 4 Dreiecke ohne Zacken benötigt
Für den Block „Version 2“ werden 8 Dreiecke mit Zacken gebraucht.

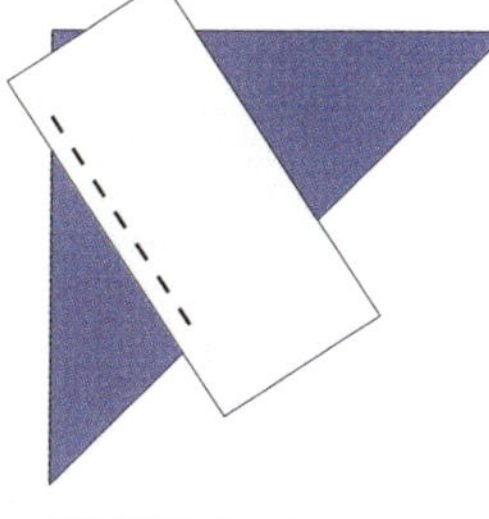

Nähanleitung:

a) Die Dreiecke alle an derselben Seite mit einer Sternenzacke übernähen. Die Größe und der Winkel der Zacke spielen keine Rolle.

Achtung: Legen Sie den hellen Rest nicht bis in die obere Ecke, sonst verliert die Zacke ihre Spitze.

b) Nach dem Auf klappen und Bügeln das Dreieck wieder nachschneiden und laut Abbildung Blocks nähen.

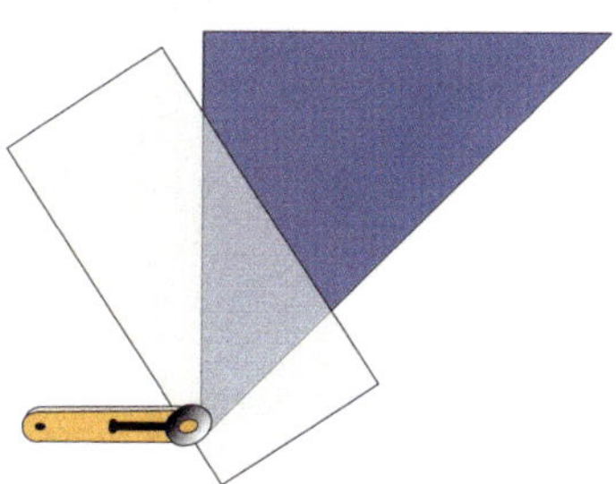

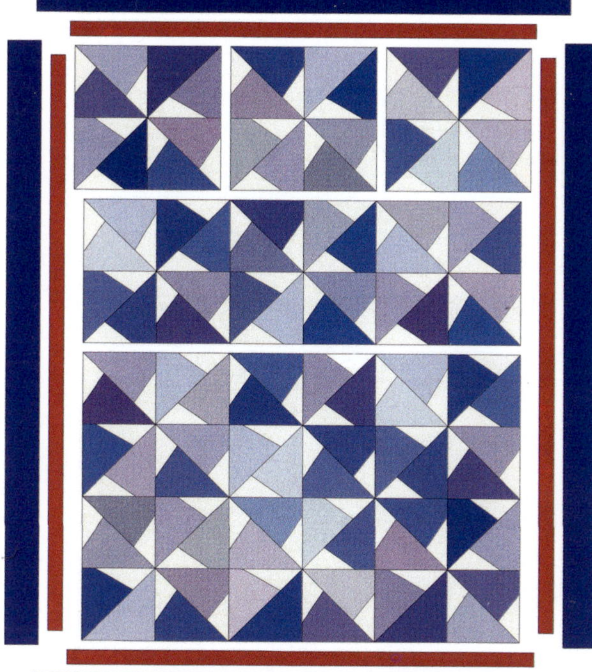

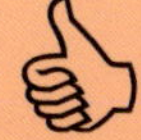

Mein Tipp:

Am Rand des Quilts können Sie, um Halb- oder Viertel-Sterne zu vermeiden, auch mit einfachen Dreiecken auffüllen.

1.07 Fliegende Gänse

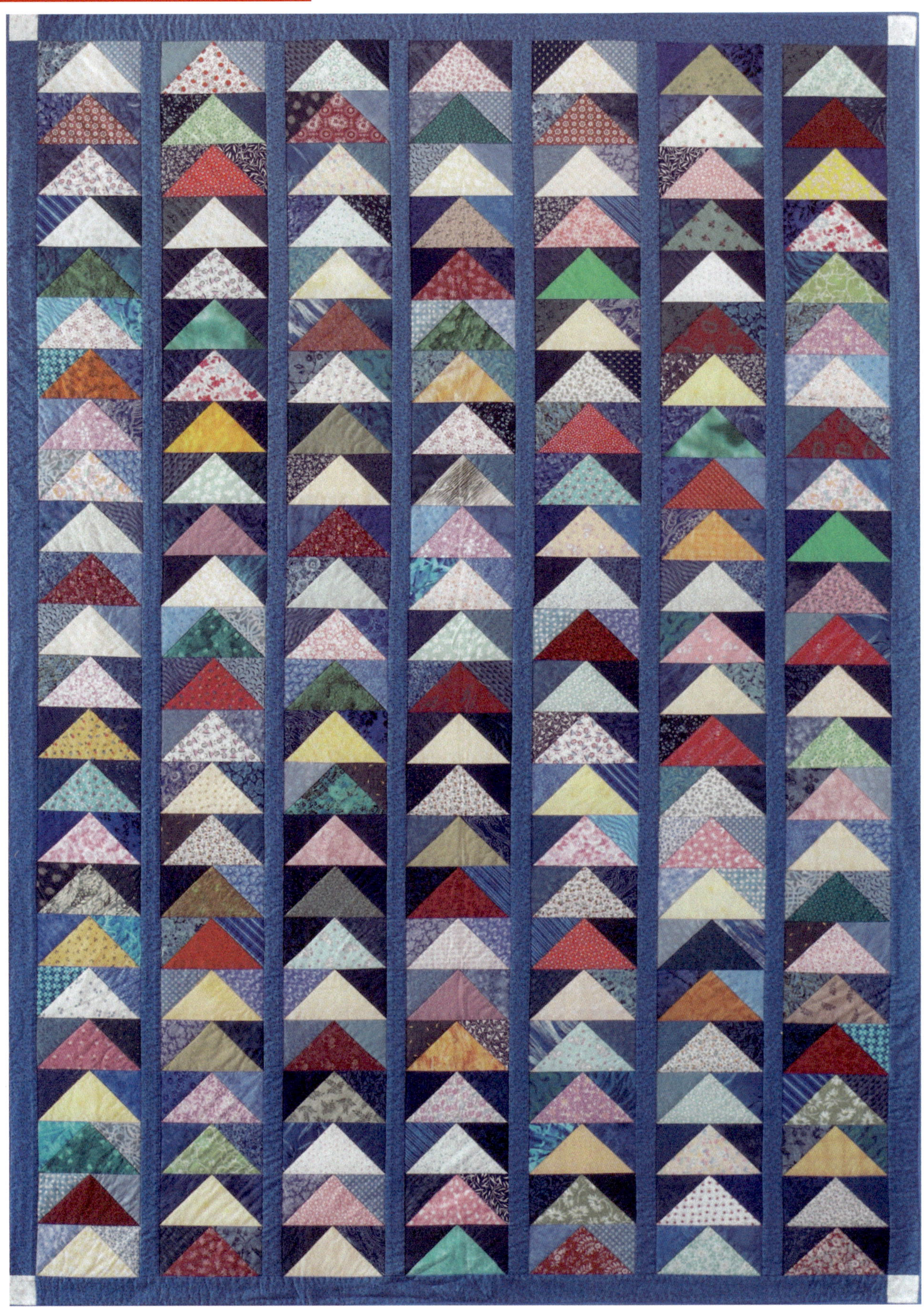

2005, 200 x 140 cm

Die Fliegenden Gänse gibt es in etlichen Variationen. Sie setzen sich aber immer aus größeren Dreiecken (der Gans) und kleineren (dem Himmel / Hintergrund) zusammen. Traditionell fliegen alle Gänse in eine Richtung. Haben Sie auch mit Ihren Freundinnen 15 cm Stoffquadrate getauscht? Diagonal geteilt ergeben diese Quadrate eine gute Basis für Ihren Quilt.

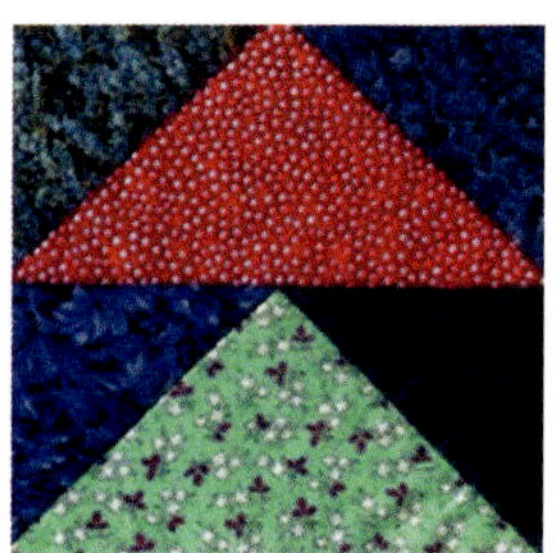

FM: 16 cm Breite

Zuschnitt:

Es gibt viele Möglichkeiten, dieses Muster zu nähen. Wenn ich Reste verwenden will, arbeite ich gerne auf „Rasterquick". Das erspart mir das exakte Zuschneiden.

1 Rasterquick-Streifen in der Breite
X + 2 cm (= doppelte Nahtzugabe bei Rasterquick)
➜ 16 + 2 ➜ **18 cm**
Die Länge richtet sich nach der Quilt-Länge.

2.1 Quadrate (Gänsestoff) von **15 x 15 cm** einmal diagonal geschnitten, ergeben große Dreiecke.
Quadrate (Himmelstoff) von **16 x 16 cm** zweimal diagonal geschnitten, ergeben passende kleine Dreiecke
oder Quadrate von **11 x 11 cm** einmal diagonal geschnitten, ergeben passende kleine Dreiecke.

Diese Maße ergeben sich aus der Vorzeichnung auf dem „Rasterquick" (siehe Nähanleitung).

Nähanleitung:

Auf den Rasterquick-Bahnen an allen Rändern die Nahtzugaben von 1 cm und die Mittelsenkrechte (gestrichelt) markieren. Die Mittelsenkrechte dient nur als Orientierungshilfe. Zusätzlich die Nählinien, also die „Basis" der Gans und die beiden Schrägen einzeichnen. Mit der Rasterung ist das einfach und kann sogar ohne Lineal erfolgen.

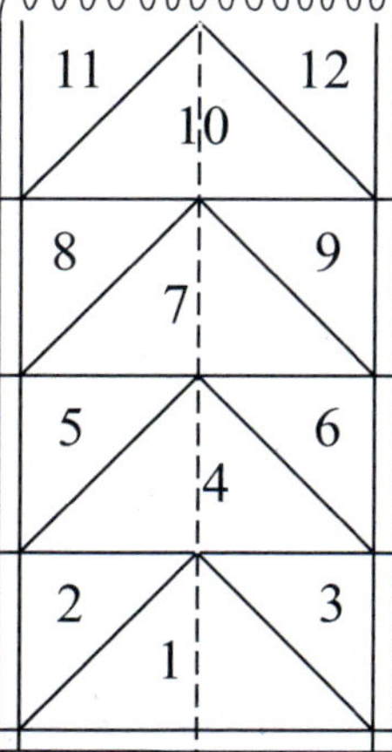

Achtung: Die „Gänse" müssen deutlich auf allen Seiten über die Nählinien hinausragen. Die einzelnen Teile werden nacheinander auf der Rückseite des Rasterquickstreifens mit der linken Seite zum Raster aufgelegt. Nun wie beim „Nähen auf Papier" Gänse auf das „Rasterquick" nähen.

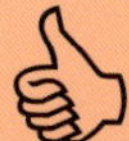

Mein Tipp:

Es empfiehlt sich die Gänsebahnen mit Zwischenstreifen aneinander zu nähen, damit die Nahtkreuzungen nicht zu dick werden.

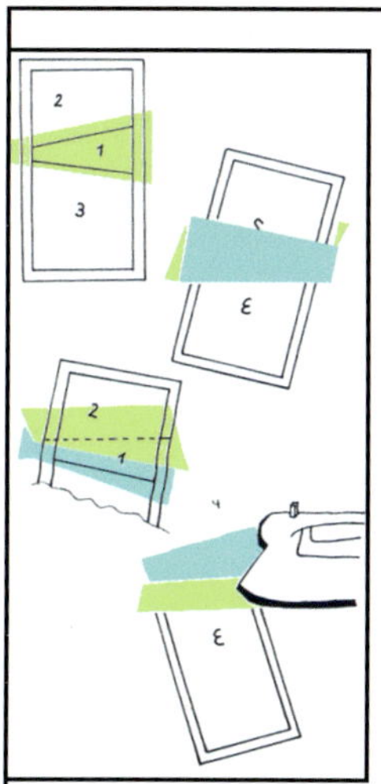

Nähen auf Papier, Stoff oder Rastervlies

Die Vorlagen mit einem guten Fotokopiergerät kopieren. Die Stoffstücke gemäß der Zahlenfolge auf dem Muster aufnähen. Die einzelnen Stoffstücke müssen mindestens 0,6 cm auf allen Seiten größer als das entsprechende Feld sein. Stoffstück 1 mit der linken Seite zum Papier auf die Rückseite des mit 1 markierten Feldes legen. Stück 2 mit der rechten Seite nach unten Kante auf Kante auf Stück 1 legen. Von beiden Stücken muss mindestens 0,3 cm in das mit 2 markierte Feld ragen.

Feststecken. Mit kurzer Stichlänge (11/2) auf der bedruckten Papierseite auf der Linie zwischen 1 und 2 nähen. Etwa 0,6 cm vor Beginn der Linie anfangen und 0,6 cm darüber hinaus nähen. Umdrehen. Die zwei Stoffstücke auseinander bügeln, so dass das mit 2 markierte Feld bedeckt ist. Auf allen Seiten muss mindestens 0,3 cm überstehen. Was über 0,6 cm hinausgeht, abschneiden. So fortfahren, bis alle Felder inklusive der äußeren Nahtzugabe bedeckt sind. Kanten auf ein 0,6 cm zurückschneiden (mit dem Rollschneider entlang des Lineals). Alle Blocks entlang der Nahtlinien zusammennähen. Dann erst vorsichtig das Papier entfernen.

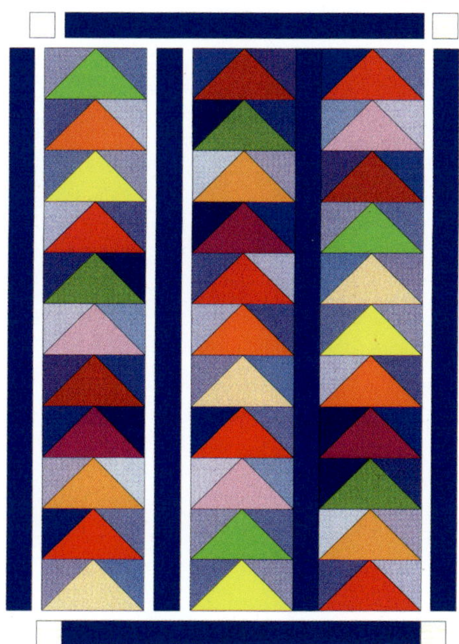

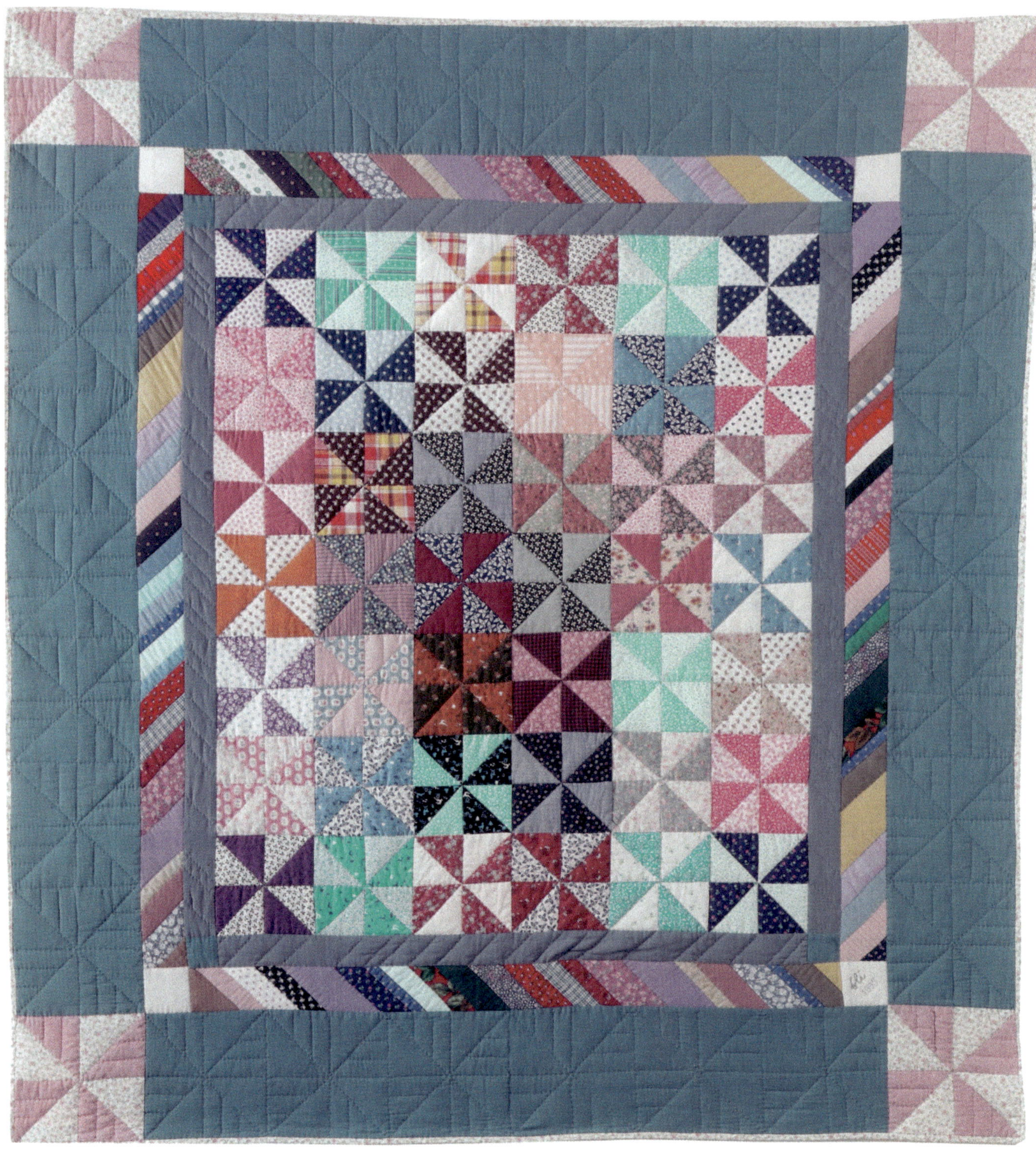

1995, 151 x 135 cm

Aus zwei Quadraten (hell und dunkel) können Sie mit einer Doppelnaht zweifarbige Quadrate herstellen. Dazu die beiden Quadrate rechts auf rechts legen, eine Diagonale markieren und jeweils links und rechts davon füßchenbreit nähen. Auf der Diagonalen schneiden und bügeln.

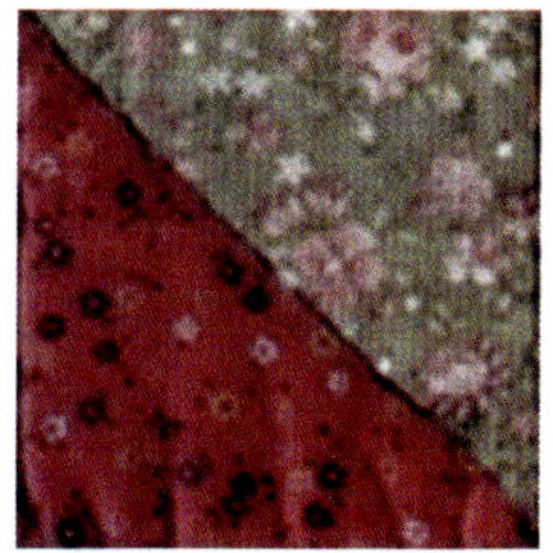

FM: 10 x 10 cm

Ich verwende dafür Quadrate von **12,5 x 12,5 cm**, das ergibt dann ein Fertigmaß von **10 x 10 cm**.
Bei größeren Resten bietet sich die faszinierende Methode „schnelle Dreiecke" an, mit der Sie sehr schnell sehr viele diagonal geteilte Quadrate herstellen können:

Anleitung:

a) Zwei Stoffe rechts auf rechts legen, den helleren Stoff oben. Die Stoffe gut heften oder fest stecken.

b) Mit Bleistift oder Schneiderkreide ein Quadrat-Raster auf den Stoff zeichnen mit der Kantenlänge

X + NZ 2

→ 10 + 2,5 → **12,5 cm**

c) Durch jedes Quadrat **eine** Diagonale zeichnen, diese so anordnen, dass möglichst alle Diagonalen mit einer fortlaufenden Naht genäht werden können.

d) Jeweils rechts und links von den vorgezeichneten Diagonalen nähfüßchenbreit mit kleiner Stichgröße nähen.

e) Auf allen Markierungslinien schneiden, bügeln. (Dabei die Nahtzugabe möglichst immer zum dunklen Stoff bügeln.)
Achtung: Es entstehen doppelt so viele „Schnelle Dreiecke" wie Rasterquadrate.

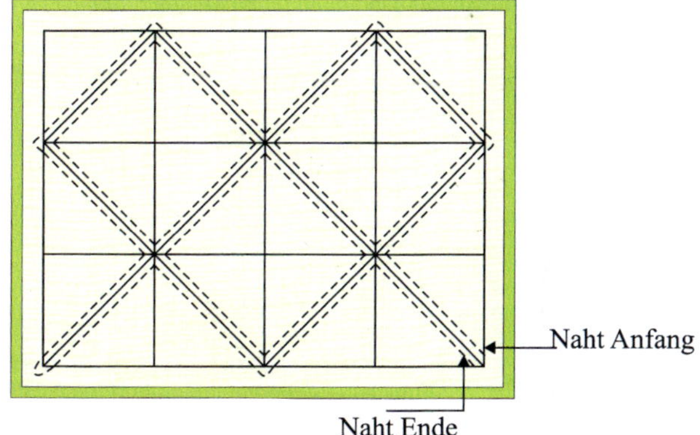

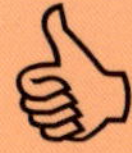

Mein Tipp:

Nähen Sie diese Teile auf Vorrat. Die Reste sind bereits verarbeitet und wenn Sie genügend haben, lassen sich aus diesen Teilen - immer in einer Hell-Dunkel-Aufteilung - unzählige Muster bilden.

Siehe dazu die folgenden Beispiele:

1.08 Windrad
1.09 Zick-Zack
1.10 Diamanten
1.11 Dschungelstern
(für den ich aber noch eine spezielle Anleitung erarbeitet habe) und **viele andere mehr...**

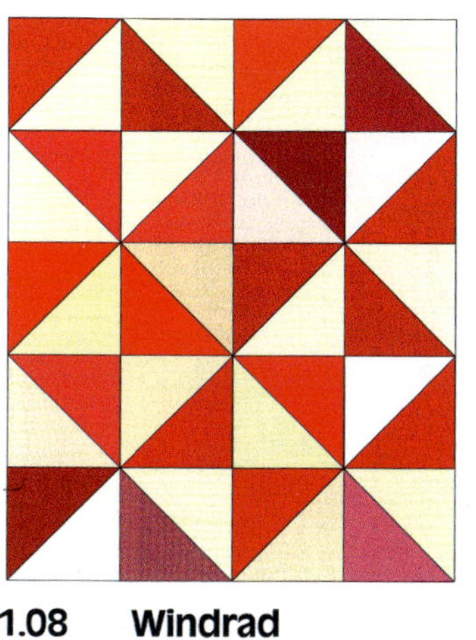

1.08 Windrad

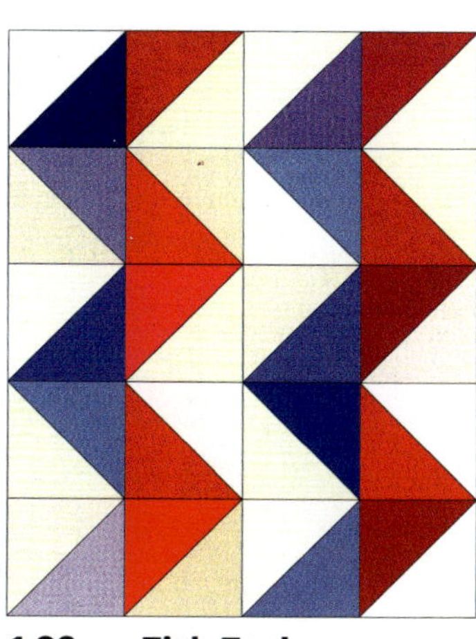

1.09 Zick-Zack

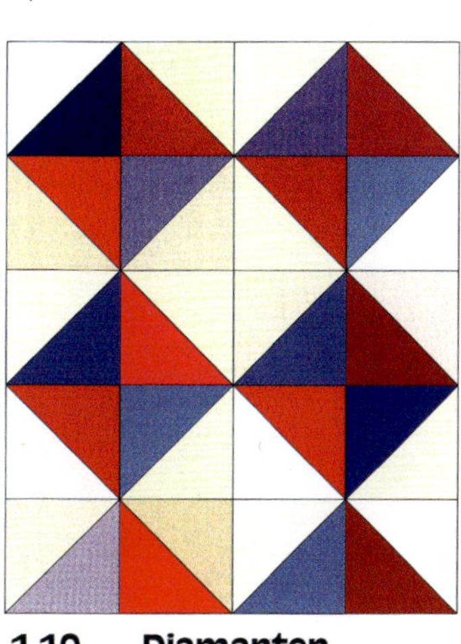

1.10 Diamanten

1.11 Dschungelstern

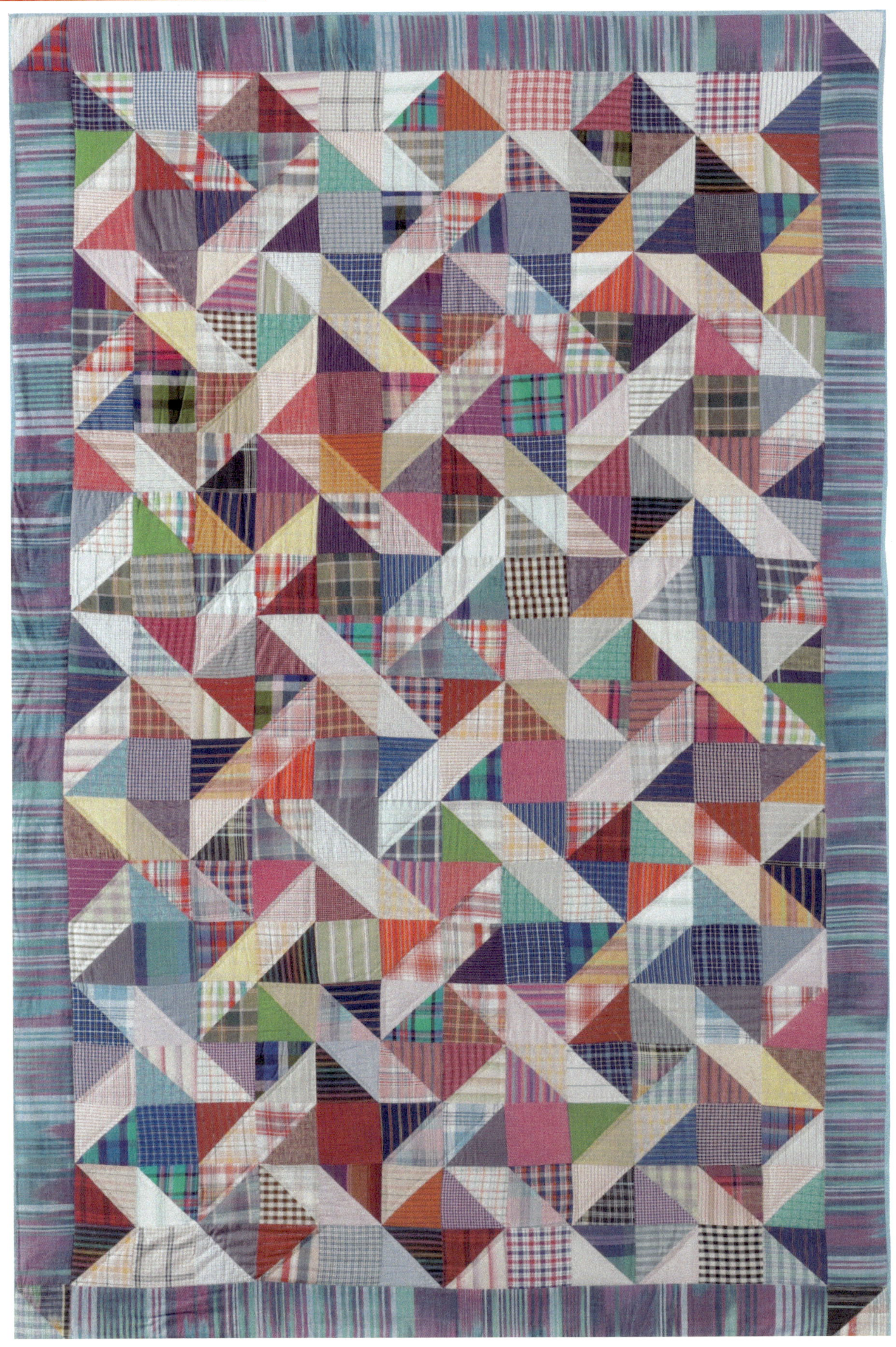

2004, 210 x 136 cm

Ich liebe den Dschungelstern wegen seiner schönen Flächenwirkung.

FM: 30 x 30 cm

Zuschnitt:

1.1 Quadrate (je 1 in Sternen- und Hintergrundfarbe) (ergibt 8 zweifarbige Quadrate)
(1/3 X + NZ 2) x 2
➔ (1/3 x 30 + 2,5) x 2 ➔ (10 + 2,5) x 2 ➔ 12,5 x 2➔ **25 cm**

1.2 **Alternative** (4 mal, da sich nur 2 zweifarbige Quadrate ergeben)
2 Quadrate (je 1 in Sternen- und Hintergrundfarbe)
1/3 X + NZ 2 ➔ 1/3 x 30 + 2,5 ➔ 10,5 + 2,5➔ **12,5 cm**

2 **Zur Ergänzung:**
1 Quadrat Sternenfarbe
1/3 X + NZ 1 ➔ 1/3 x 30 + 1,5 ➔ 10 + 1,5 ➔ **11,5 cm**

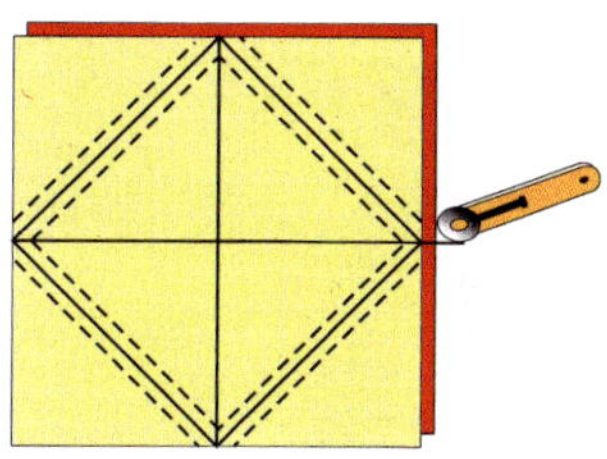

Nähanleitung (Zuschnitte 1.1)

Zwei Quadrate rechts auf rechts legen, markieren wie in der Abbildung. Die senkrechte und waagerechte Linie sind nur Schnittlinien. Jeweils links und rechts nähfüßchenbreit von den diagonalen Markierungen entfernt nähen. Auf den markierten Linien schneiden. So entstehen 8 zweifarbige Quadrate, die mit dem
Zuschnitt 2 zum Stern ergänzt werden können. (Siehe: Mein Tipp)

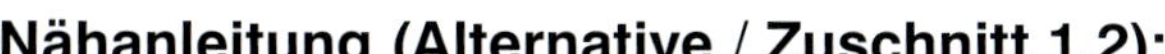

Nähanleitung (Alternative / Zuschnitt 1.2):

Zwei Quadrate rechts auf rechts legen. Diagonale markieren. Jeweils links und rechts von der Markierung nähfüßchenbreit nähen. Auf der Diagonalen schneiden. Es entstehen 2 zweifarbige Quadrate. Für den Stern werden 8 Stück benötigt. Diesen Vorgang also viermal wiederholen.
Ergänzung zum Stern mit **Zuschnitt 2**

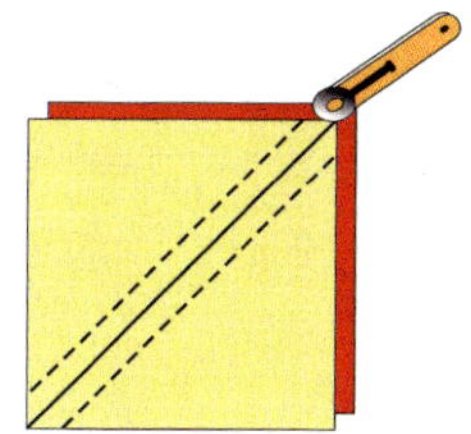

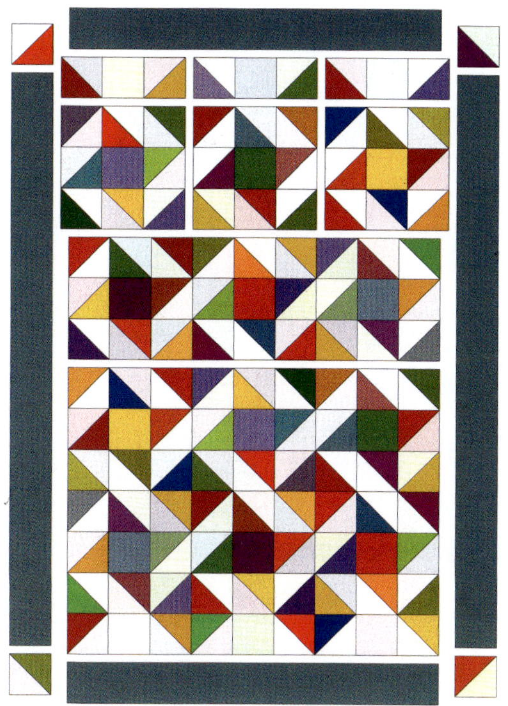

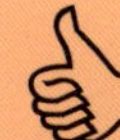

Mein Tipp:

Um eine lebhaftere Durchmischung zu erreichen, empfiehlt es sich, möglichst zuerst alle zweifarbigen Quadrate für eine Decke herzustellen (evtl. je nach Restegröße beide Methoden kombiniert) und dann erst die einzelnen Blocks zusammen zu setzen.

2.01 Streifen (geflochten)

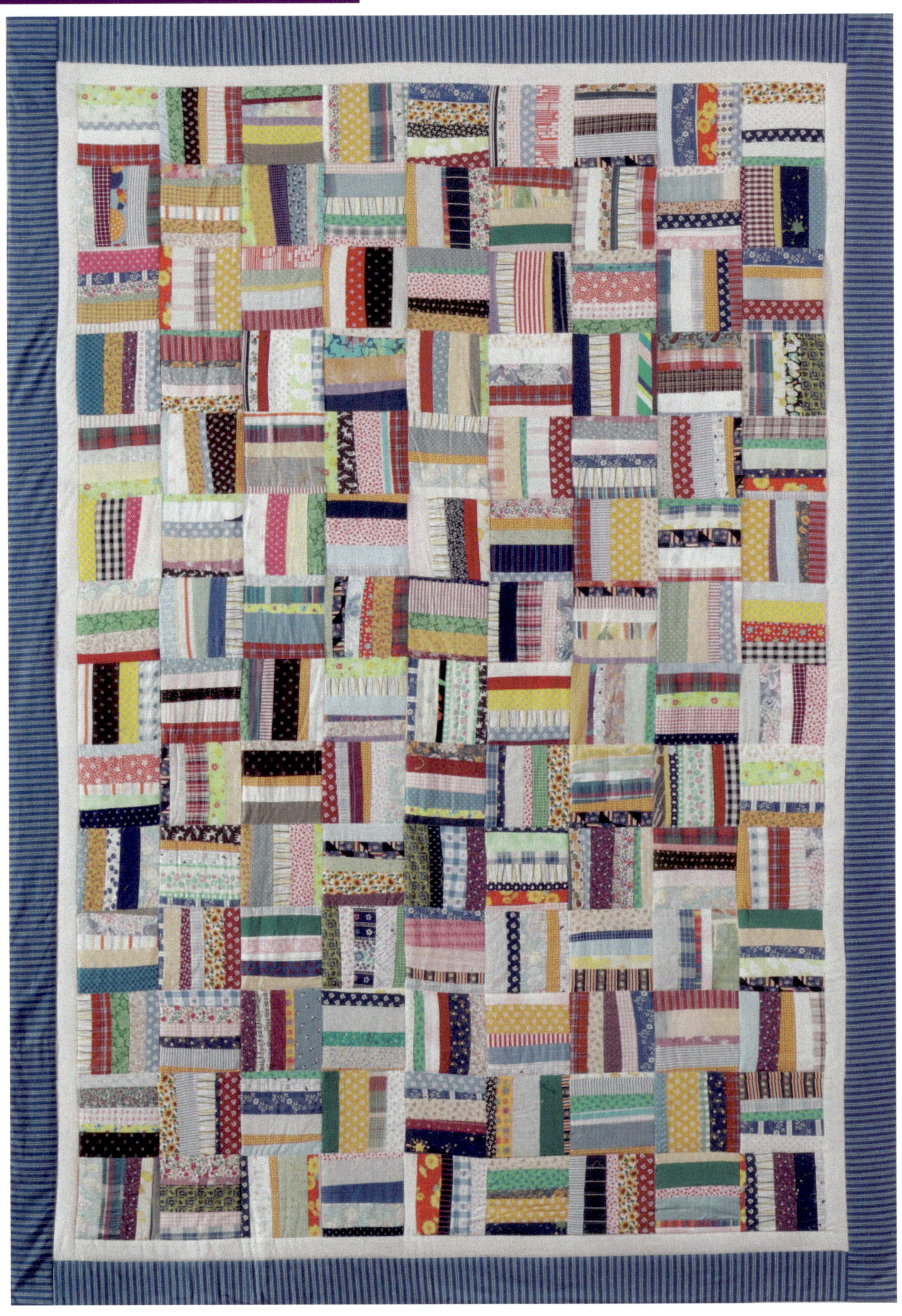

2004, 216 x 140 cm

Ich habe diesen Quilt ausschließlich aus Reststreifen genäht, ohne Ergänzungsstoff. Das fertige Oberteil habe ich aus Neugierde gewogen, um für andere Projekte eine Mengenorientierung zu bekommen: Es wog nur 640 g, also nicht so sehr viel, wenn man seine Restekiste ausleeren will.

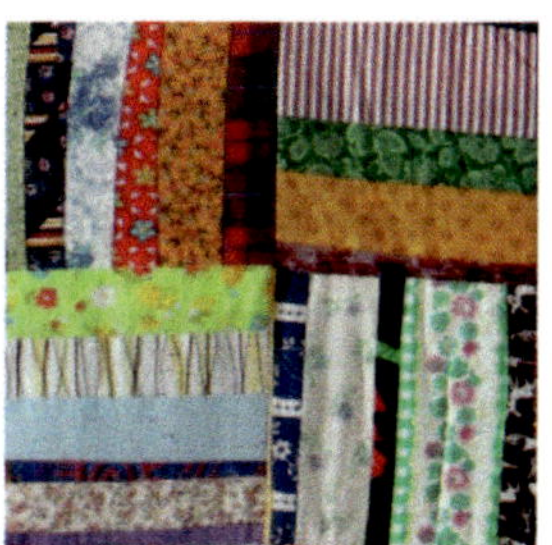

FM: 30 x 30 cm

Zuschnitt

Streifenreste jeder Breite auf ca. **19 - 20 cm** Länge schneiden.

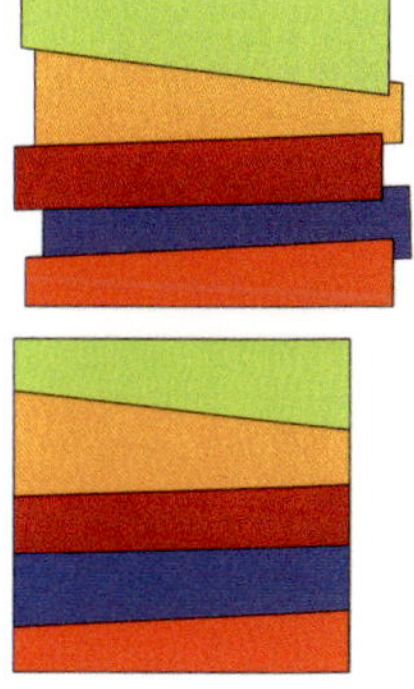

Nähanleitung:

a) Aus den Streifen kleine Streifentücher nähen.

b) Auf eine Kantenlänge schneiden von
1/2 X + NZ 1
1/2 X + NZ 1
➔ 1/2 x 30 + 1,5 ➔ 15 + 1,5 ➔ **16,5 cm**

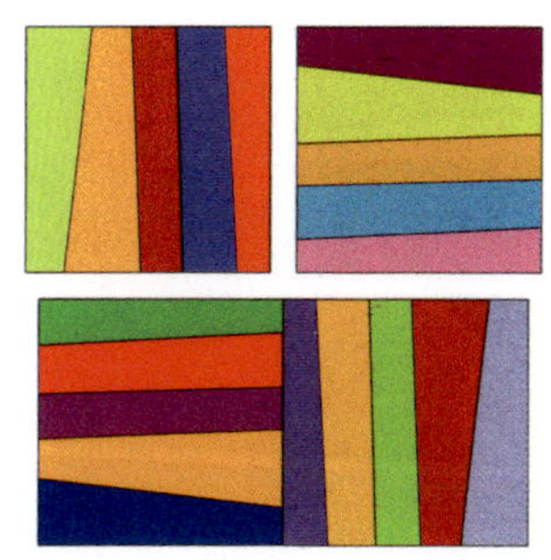

c) Aus vier solcher Elemente, so angeordnet, dass die Streifen im Wechsel waagerecht und senkrecht verlaufen, entsteht ein Block.

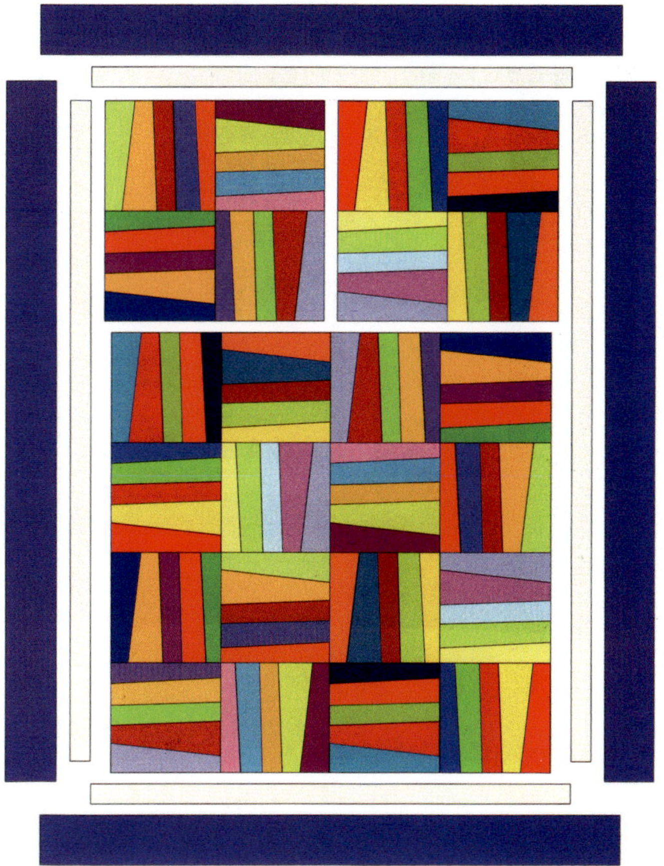

2.02 Streifen (diagonal geteilt)

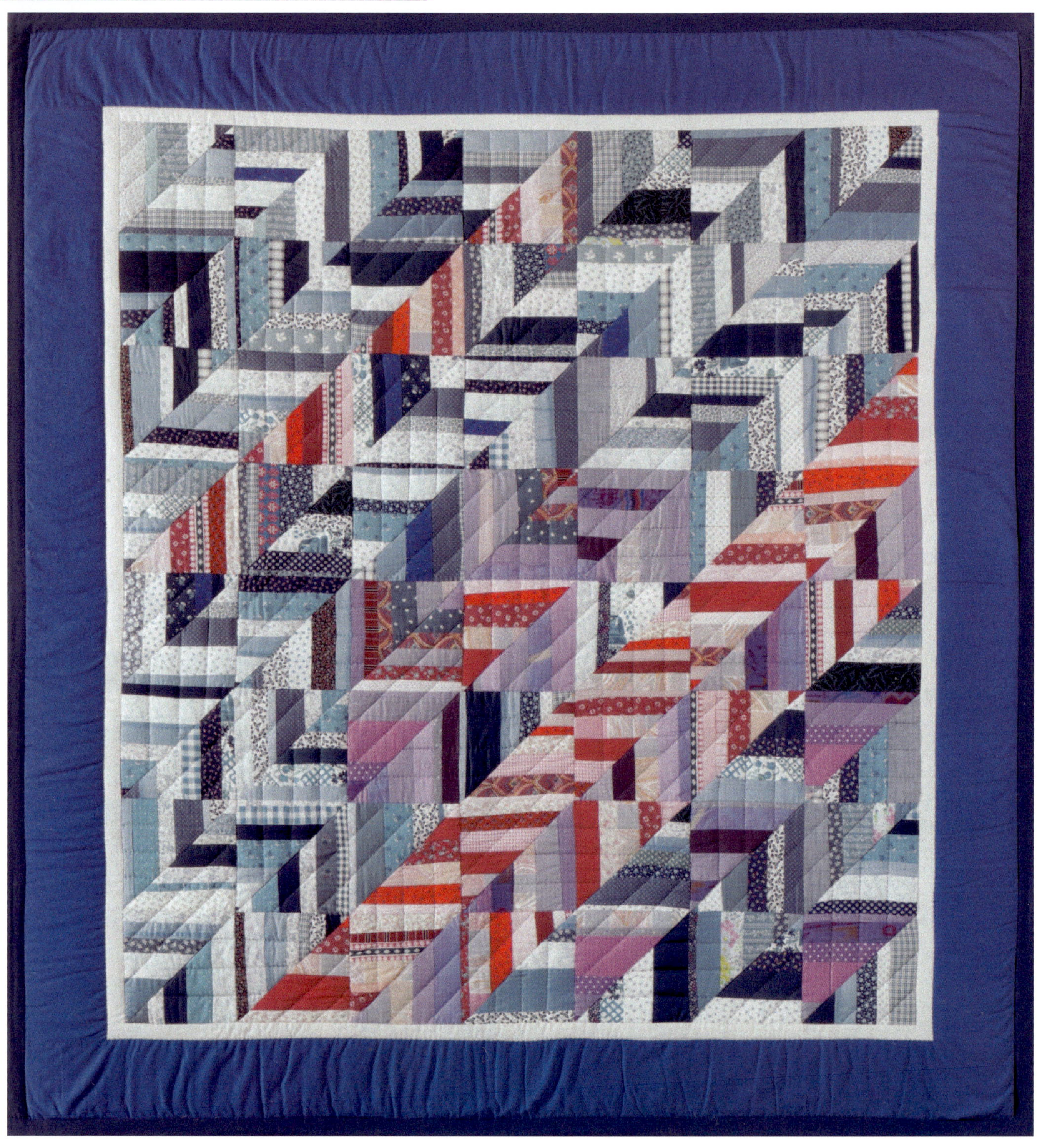

2000, 176 x 157 cm

Für diesen Quilt ist es sinnvoll, die Reststreifen nach Farben vorzusortieren. Dadurch lässt sich dann aus den gestreiften Dreiecken eine interessante Fläche gestalten.

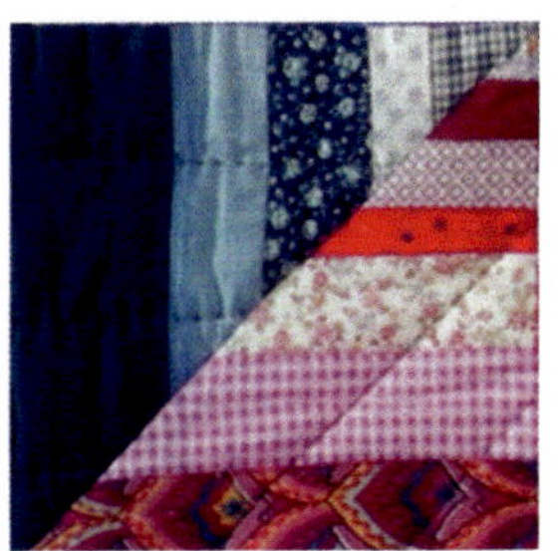

FM: 20 x 20 cm

Zuschnitt

Streifenreste jeder Breite auf ca. **25 cm** Länge schneiden.

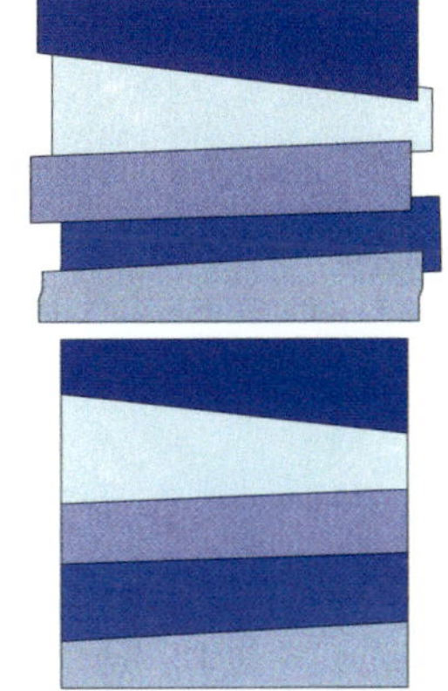

Nähanleitung:

a Aus den Streifen quadratische Streifentücher nähen.

b Die Quadrate alle auf das gleiche Maß bringen.
X + NZ 2
→ 20+ 2,5 → **22,5 cm**

c Die beschnittenen Teile werden einmal diagonal geteilt.
Achtung: Es gibt 2 Diagonalen, die Sie evtl, auch brauchen.

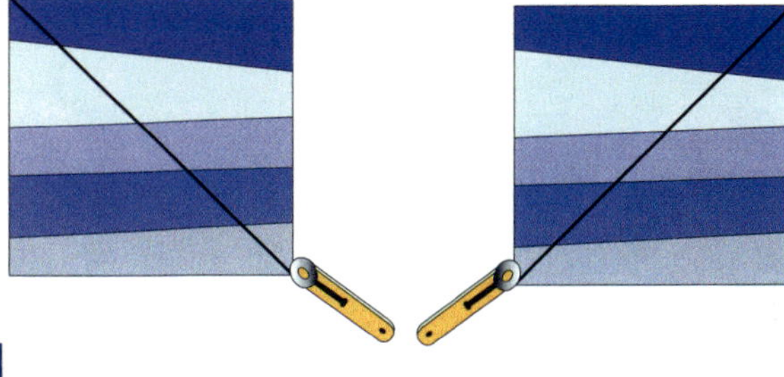

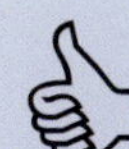

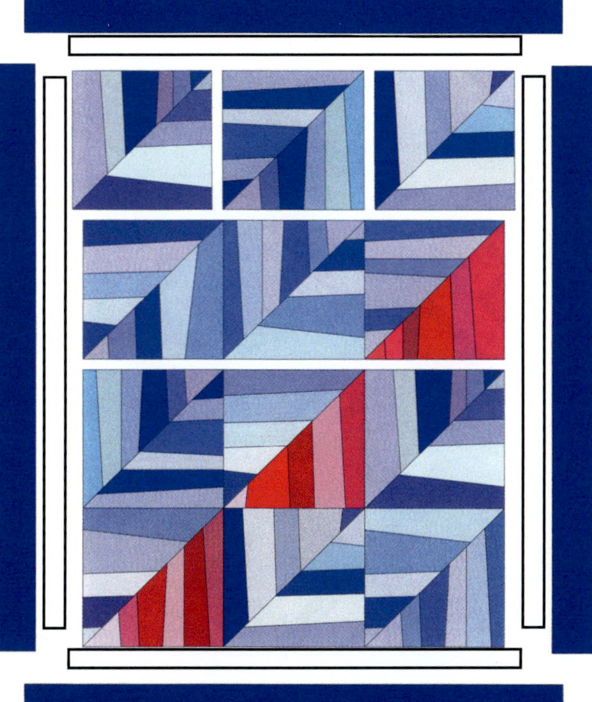

Mein Tipp:

Aus den gestreiften Dreiecken lassen sich abwechslungsreiche Muster legen. Wenn Sie mit zwei Farbfamilien (oder Hell - Dunkel) begonnen haben, ergibt sich eine Vielzahl von Möglichkeiten, die auch ein bisschen an Log-Cabin-Variationen erinnern. Um eine bestimmte Aufteilung zu erreichen, müssen Sie auf einem Rasterblatt vorplanen.

2.03 Gottes Auge

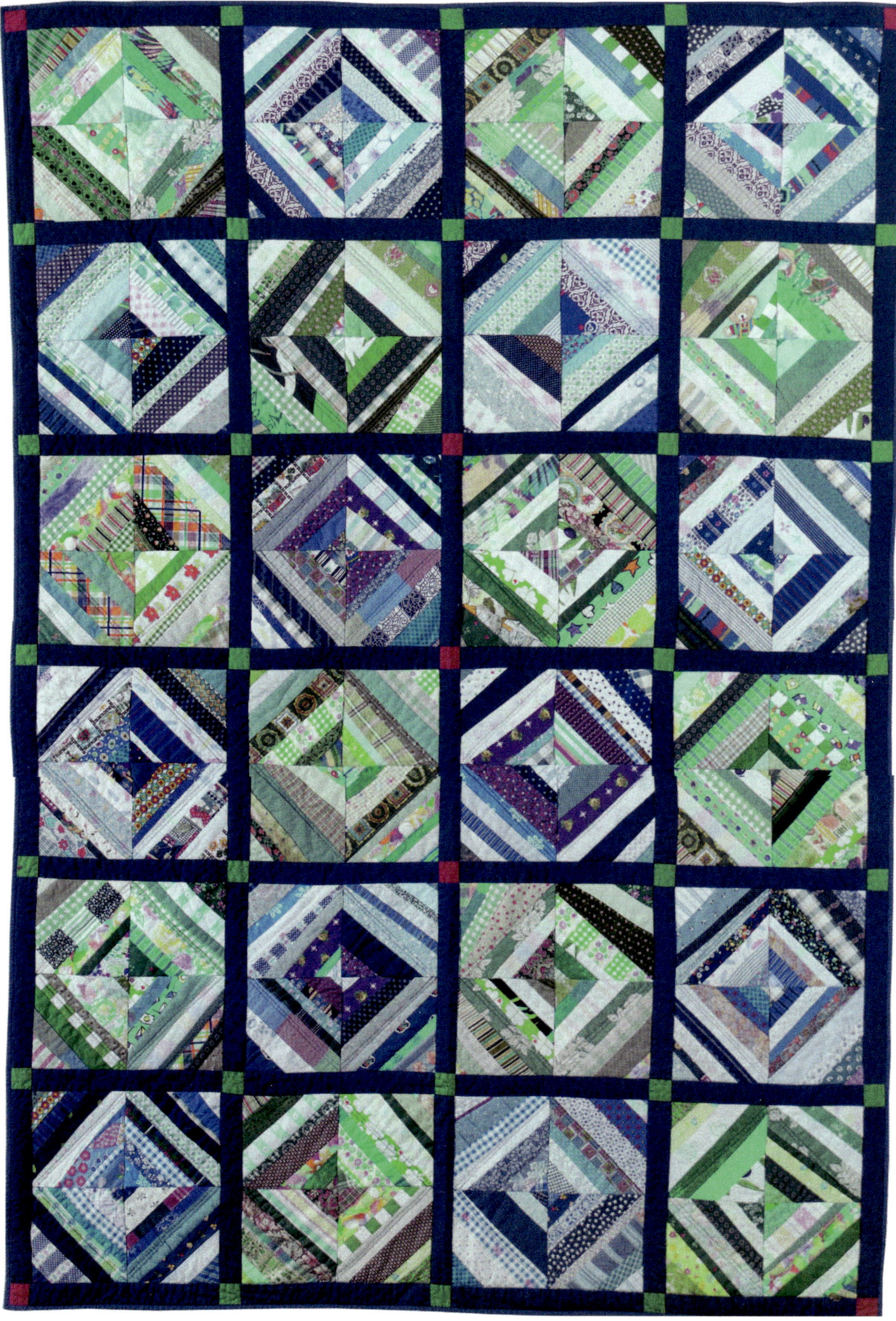

2005, 200 x 136 cm

Dieses Muster besteht aus 4 diagonal gestreiften Quadraten. Wenn wir mit unregelmäßigen Streifen arbeiten, müssen wir nicht darauf achten, dass die Berührungspunkte stimmen.

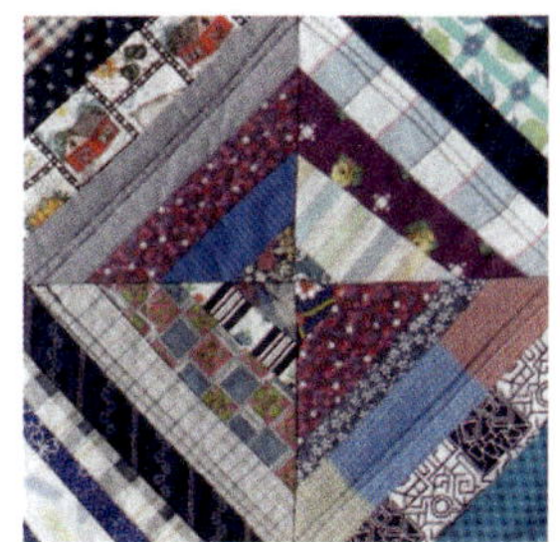

FM: 30 x 30 cm

Zuschnitt

1. Streifen jeder Länge und Breite
2. 4 Papierquadrate
   1/2 X + NZ 1 + ca. 2,5 cm (Spielraum)
   ➔ 1/2 x 30 + 1,5 + 2,5 ➔ 15 + 1,5 + 2,5 4 ➔ 15 + 4 ➔ **19 cm**

Nähanleitung:

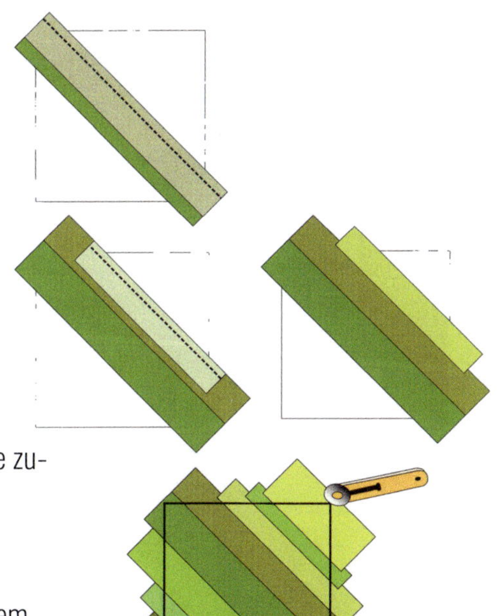

a) Ausgangselemente sind diagonal gestreifte Einzelquadrate. Die Streifen verkürzen sich zu den Ecken hin. Das lästige Abmessen und Berechnen können Sie sich ersparen, da das Papierquadrat als Maß gilt.
Dazu die Papierquadrate aus **Zuschnitt 2** nehmen, diagonal 2 Streifen Stoff, die rechts auf rechts liegen, auf das Papier nähen. Dazu an der Nähmaschine eine kleine Stichlänge einstellen. Gut ausbügeln.

b) Das Papierquadrat vollständig mit Streifen benähen. Die Streifen müssen immer so lang sein, dass sie mit dem Papier enden.

c) Ist das Papier vollständig benäht, das Quadrat auf Fertigmaß + Nahtzugabe zurecht schneiden.
1/2 X + NZ 1
➔ 1/2 x 30 + 1,5 ➔ 15 + 1,5 ➔ **16,5 cm**

d) Der Block wird aus 4 solchen Elemente zusammengesetzt. Wenn Sie in einem Block nur eine Farbfamilie verwenden, erzielen Sie eine besondere Wirkung.

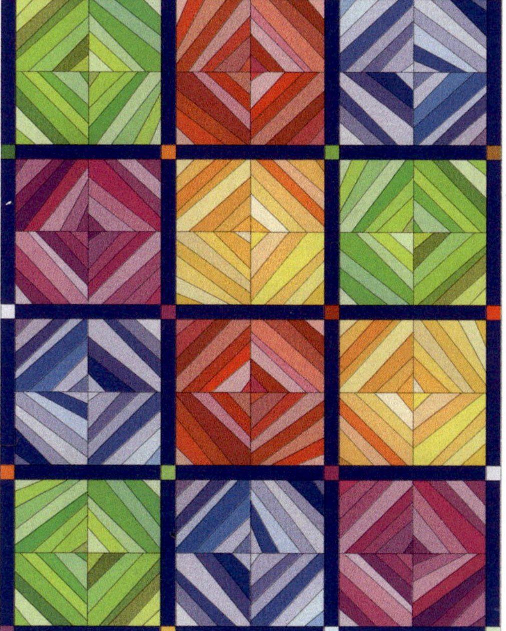

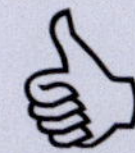

Mein Tipp:
Bei diesem Muster empfiehlt es sich, Stege zwischen die Blocks zu setzen; dann dürfen die Blocks auch unterschiedlich bunt sein. Das Papier wird erst aus dem fertigen Oberteil herausgerissen.

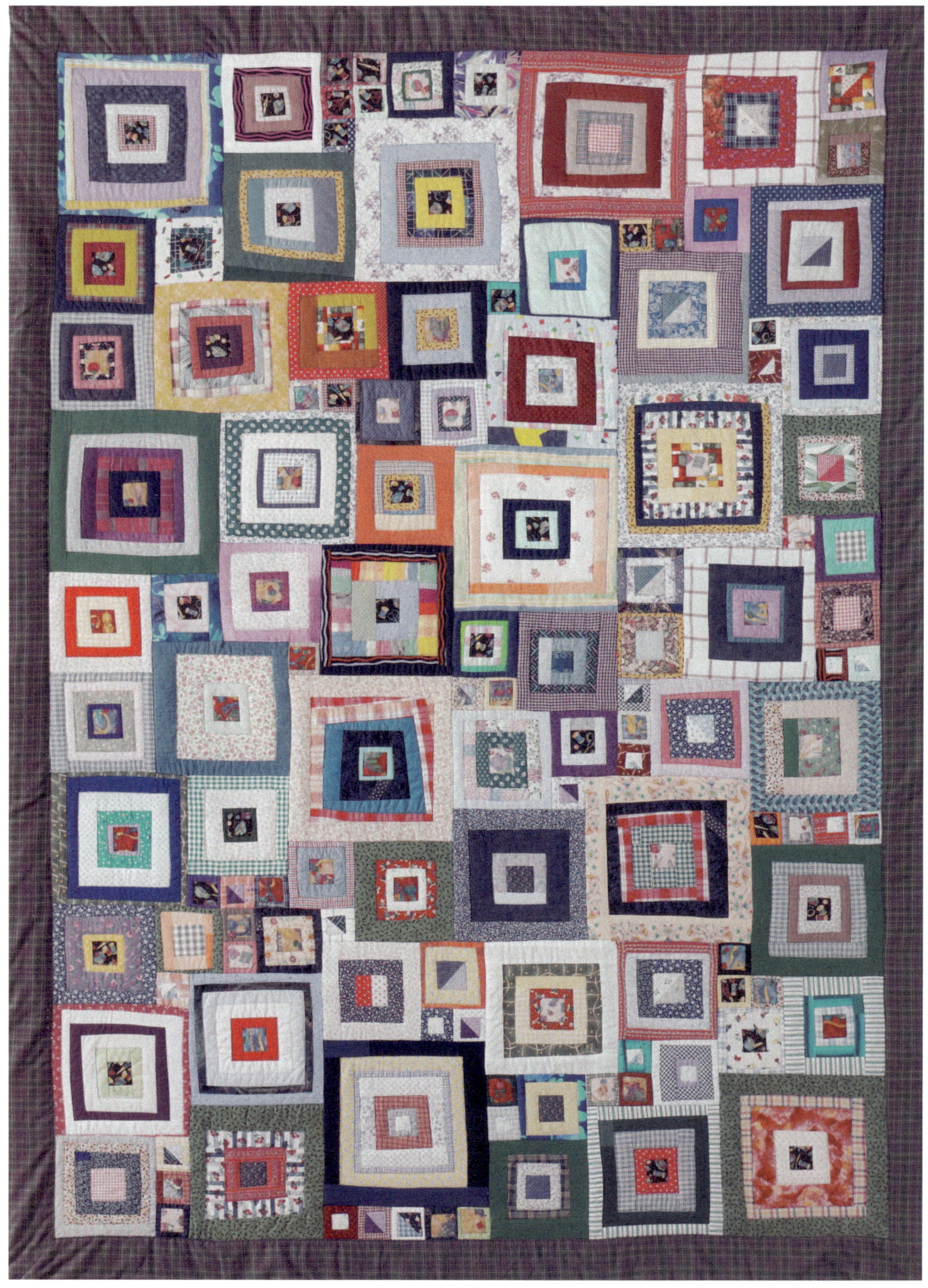

Alles meins, 1999, 240 x 166 cm

Das freie Blockhaus bietet die Möglichkeit, über einen einheitlichen Kamin (Mittelquadrat) Ordnung in ein Streifen-Durcheinander zu bringen. Sie können alle Arten von Streifen verwenden, egal ob

- breit oder schmal,
- gerade oder schräg,
- uni oder gemustert,
- hell oder dunkel,

und das in allen Farben.

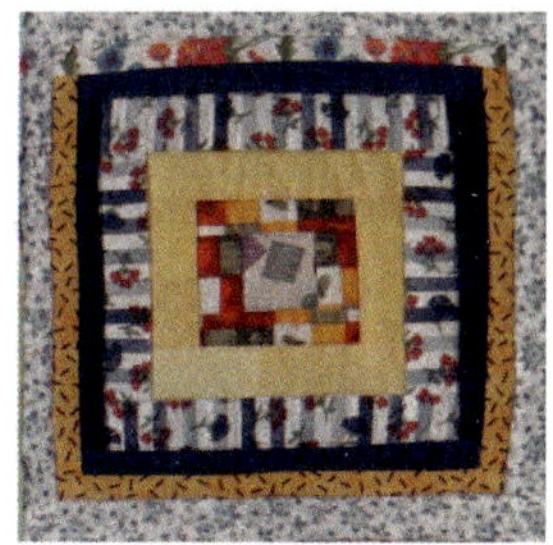

FM: variabel

Zuschnitt

1. einheitliche Quadrate als „Kamine"
2. Streifen jeglicher Art (s. o.)

Nähanleitung

Streifen um die Mittelquadrate nähen wie bei einem normalen Blockhausblock.

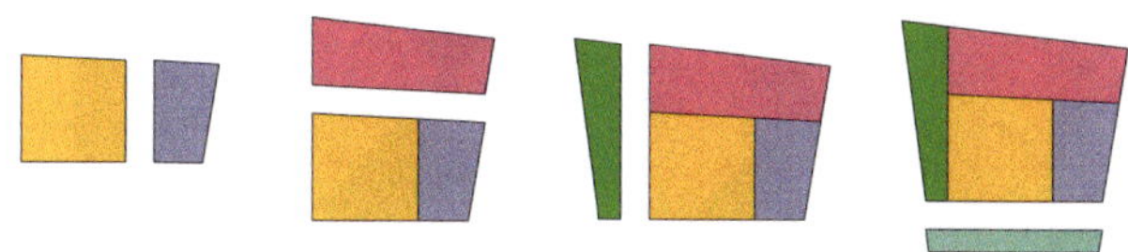

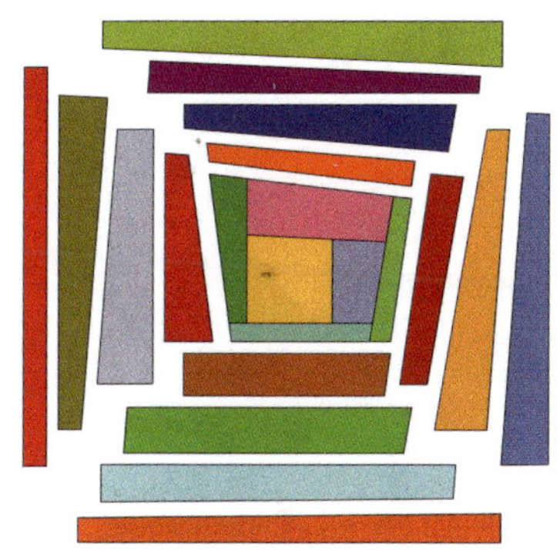

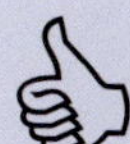

Mein Tipp:

Interessant ist es, Blockhäuser in unterschiedlichen Größen zu arbeiten. Dazu ist ein Rastersystem nötig, um später die Teile zusammenfügen zu können.
Beispielmaße (ohne NZ):

a)	4 cm	8 cm	12 cm	16 cm ...	jeweils **NZ 1**
b)	5 cm	10 cm	15 cm	20 cm ...	
c)	6 cm	12 cm	18 cm	24 cm ...	

Das Zusammennähen muss teilweise mit halben Nähten erfolgen.

Nähanleitung: (halbe Nähte)

Da diese Rechtecke senkrecht und waagerecht eingebaut sind, ergeben sich nähtechnische Probleme, die mit „halben Nähten" gelöst werden müssen.

„Halbe Nähte" bedeutet, dass Sie eine Naht nicht bis zum Ende des Teiles führen, sondern nur ungefähr bis zur Hälfte, damit Sie das nächste Teil quer dazu annähen können. Danach können Sie dann die offen gebliebene „Restnaht" schließen.

Folgen Sie dazu einfach den Abbildungen:

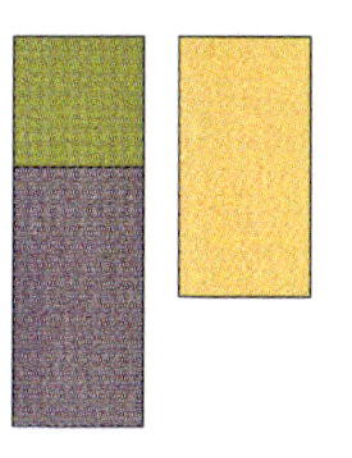

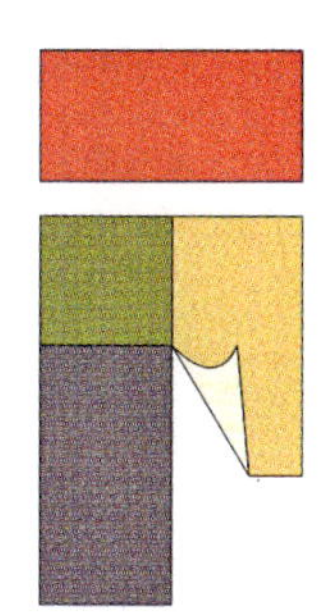

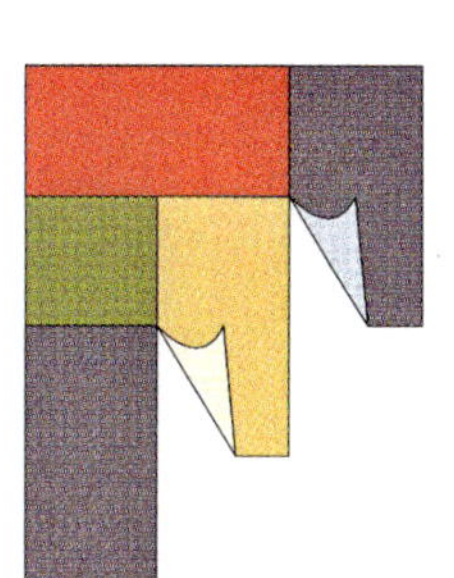

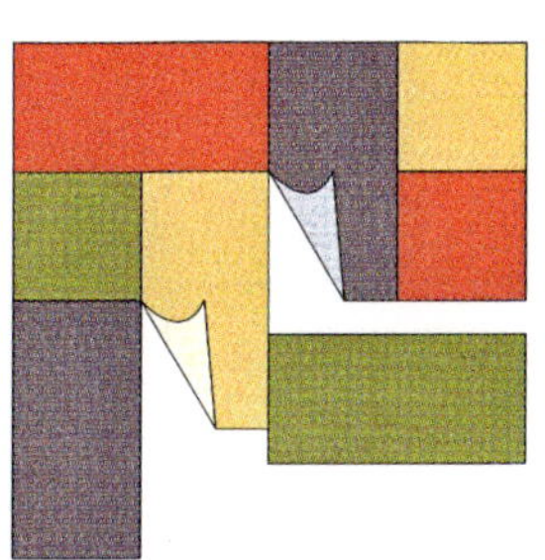

Grafik:
Halbe Nähte bei „Fischgrät

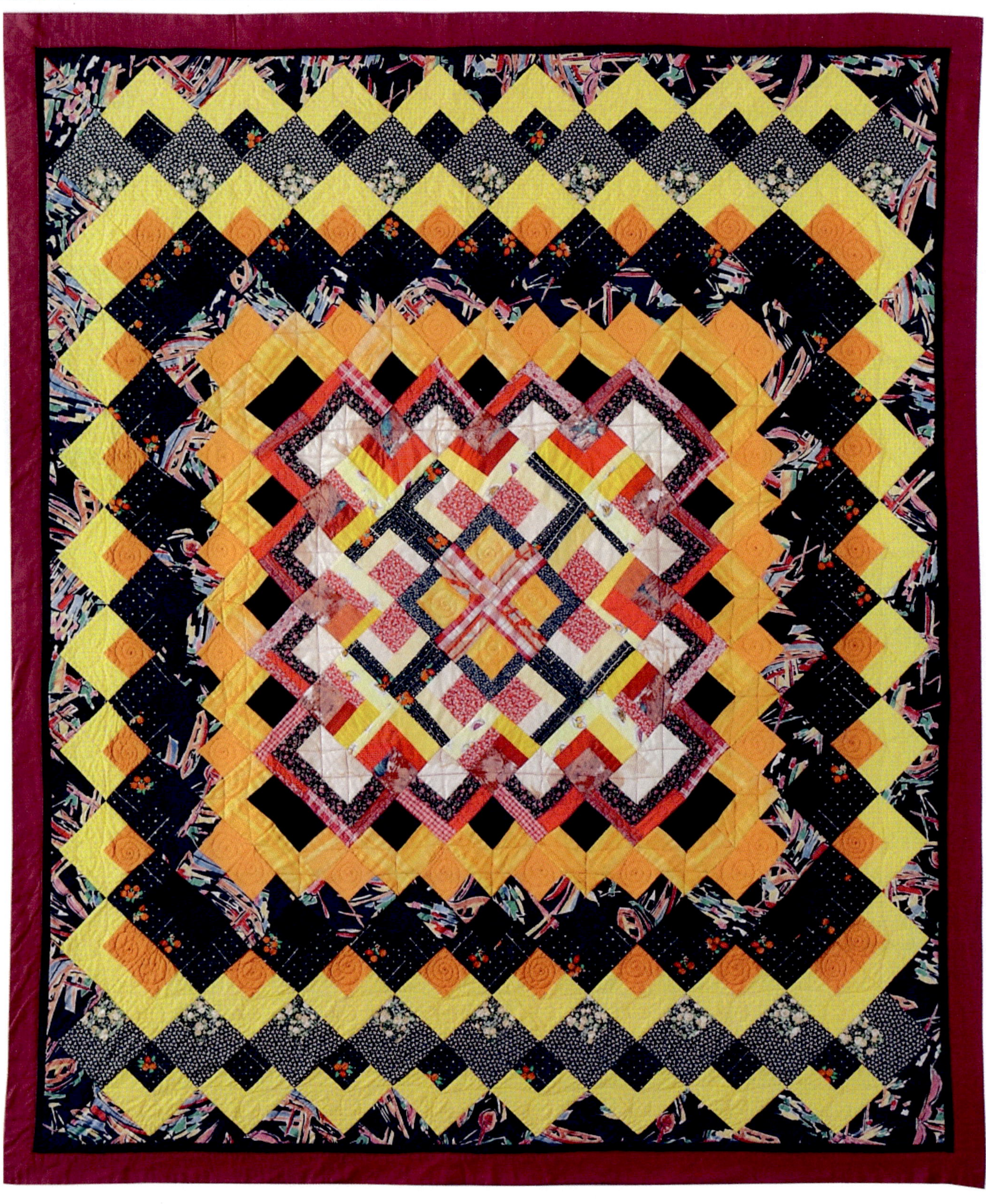

Für Basti, 2002, 220 x 180 cm

Hier können Sie gut Reststücke (aus zwei Farbfamilien) verwenden, die Sie aber auf einheitliche Streifenbreiten schneiden müssen.

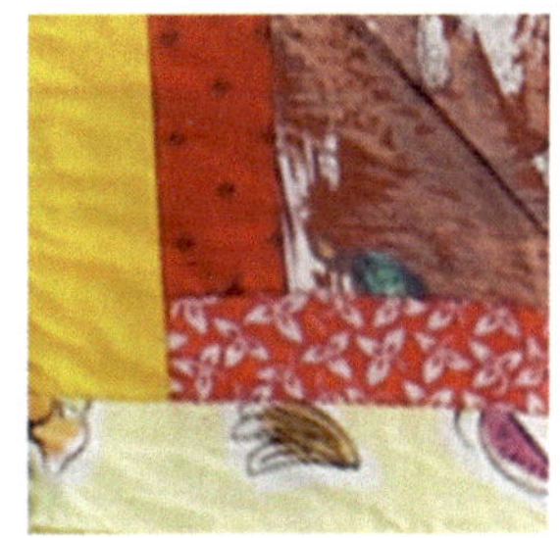

FM: 15 x 15 cm

Zuschnitt

1. Streifen in der Breite (Länge nach vorhandenem Material)
   1/3 X + NZ 1
   ➔ 1/3 x 15 + 1,5 ➔ 5 + 1,5 ➔ **6,5 cm**
2. 1 Quadrat
   1/3 X + NZ 1
   ➔ 1/3 x 15 + 1,5 ➔ 5 + 1,5 ➔ **6,5 cm**

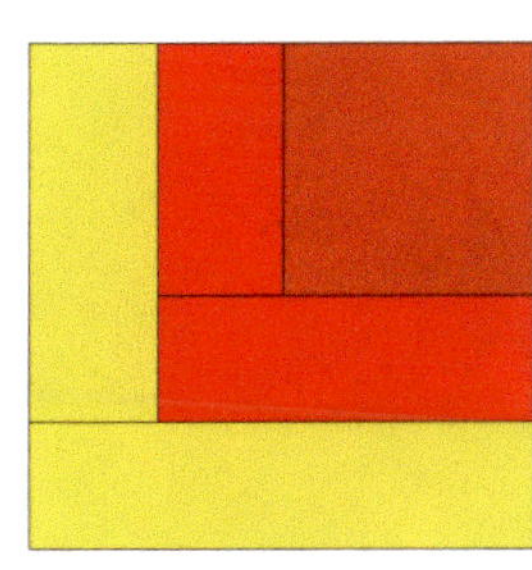

Nähanleitung:

Auf zwei Seiten des Quadrats über Eck Streifen annähen.

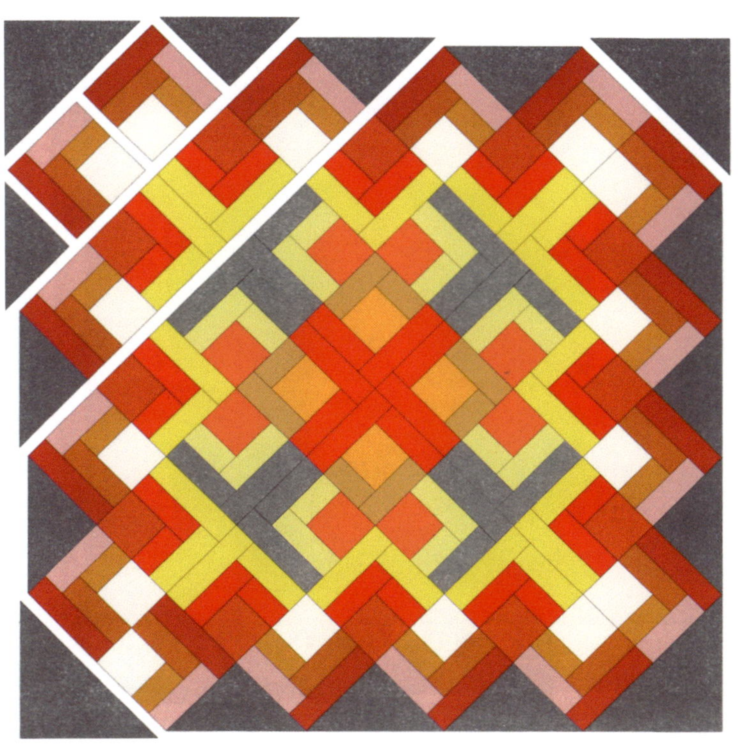

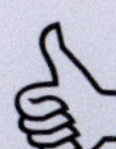

Mein Tipp:

Wenn der Quilt ähnlich wie die „Reise um Welt" angeordnet sein soll, empfiehlt es sich, den Entwurf von der Mitte her aufzubauen. Je nach Größe der Reststücke ergeben sich unterschiedlich viele Blocks einer Farbstellung - spielen Sie damit.

Im Zentrum liegen vier gleiche Blocks. Jede weitere Reihe hat 4 Blocks mehr.
(Farbtyp A: 1 x 4 / Farbtyp B: 2 x 4 / Farbtyp C: 3 x 4 ...)

Sie können natürlich auch mit unterschiedlichen Streifenbreiten arbeiten, wodurch sich auch die Anzahl der benötigten Streifen ändern kann. Achten Sie dabei aber immer auf das Endmaß des Blockes.

Oder Sie ordnen die Blocks reihenweise an, dann ergibt sich ein völlig neues Muster.

2.07-1 Stern à la Escher

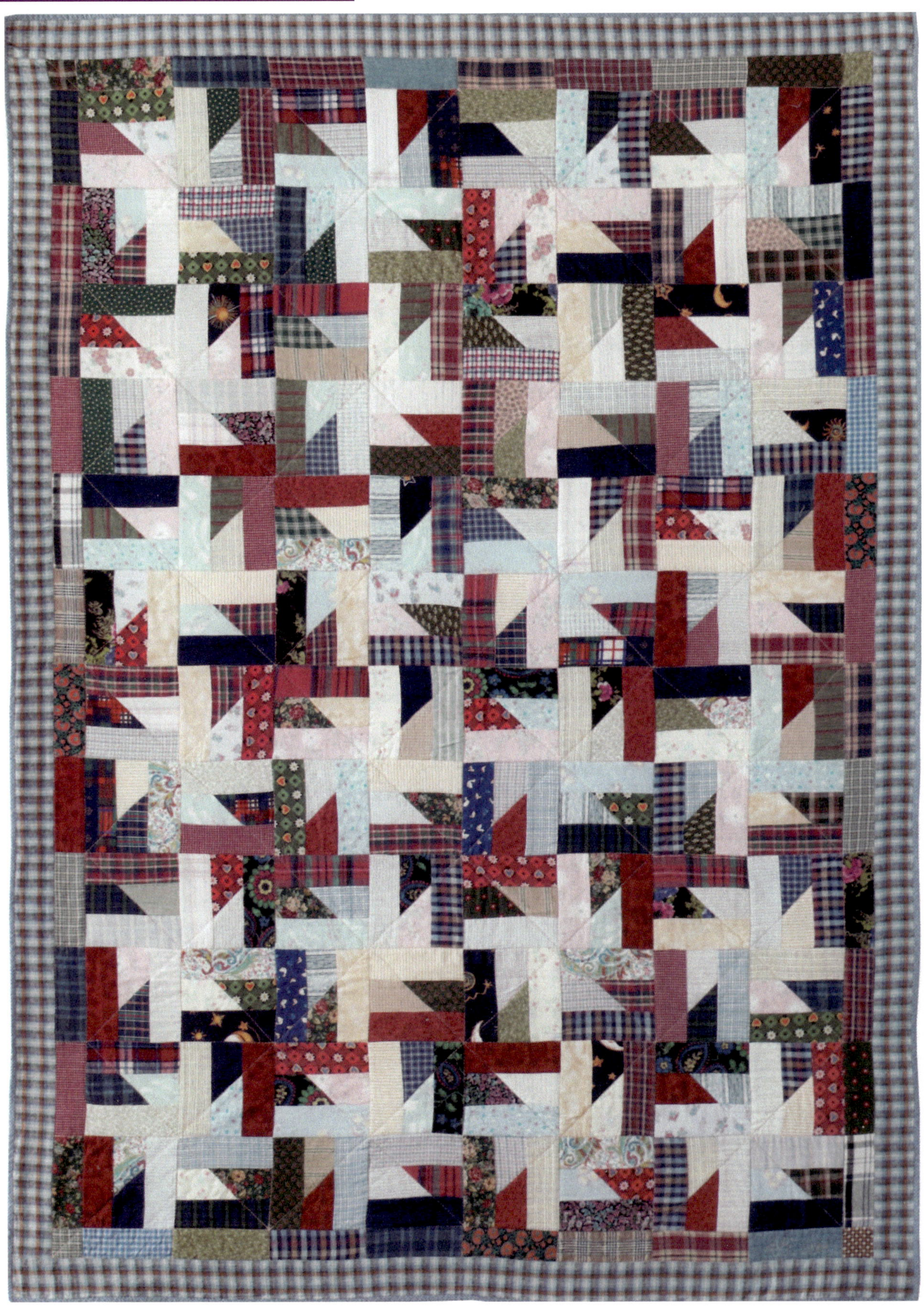

2003, 220 x 165 cm

Im Englischen heißt dieser Block „ Tesselating Star“. Das Wort Tesselating kommt vom lateinischen tessella. Damit bezeichnete man kleine quadratische Kacheln (= Fliesen) in antiken Mosaiken. Heute bezeichnet man damit Hell-Dunkel-Muster, die so ineinander greifen, dass der Hintergrund des einen Motivs bereits Bestandteil des nächsten Motivs ist.
Der helle Stern hat keinen Hintergrund, denn dieser besteht aus dunklen Sternen. Ein Stern (Block) besteht aus vier Elementen.

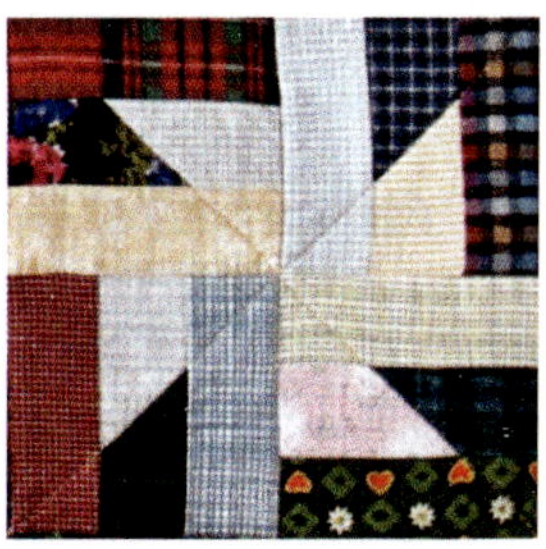

FM: 30 x 30 cm

Zuschnitt pro Element:

1. je 1 Streifen hell und dunkel

1.1 **Länge: 1/2 X + NZ 1**
→ 1/2 x 30 + 1,5 → 15 + 1,5 → **16,5 cm**

1.2 **Breite: 1/2 X : 3 + NZ 1**
→ 1/2 x 30 : 3 + 1,5 → 15 : 3 + 1,5 → 5 + 1,5 → **6,5 cm**

2. je 1 Streifen hell und dunkel

2.1 **Länge: 1/2 X x 2/3 + Nz 1**
→ 1/2 x 30 x 2/3 + 1,5 → 15 x 2/3 + 1,5 → 10 + 1,5 → **6,5 cm**

2.2 **Breite: siehe oben**
6,5 cm

Nähanleitung

a) Von den **Zuschnitten aus 2** die hellen Streifen nehmen und alle an der gleichen Ecke umbügeln (laut Abb.). Dieser Falz ist die Nählinie für die Verbindung der beiden kürzeren Streifen. Die gebügelten Ecken auffalten, die hellen Streifen über Eck rechts auf rechts auf die dunklen Streifen legen und im Bügelfalz nähen.

b) Das überflüssige kleine Dreieck abschneiden, Nahtzugabe dabei stehen lassen und **ausnahmsweise** die NZ auseinander bügeln.

c) Aus dem ausgebügelten Streifen und den beiden Teilen aus **Zuschnitt 1** das benötigte Element nähen.

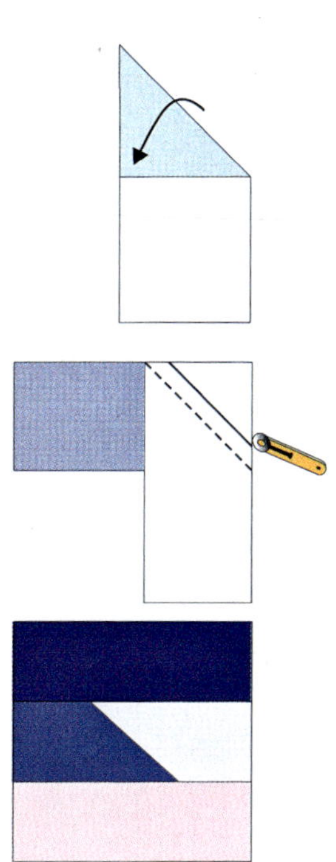

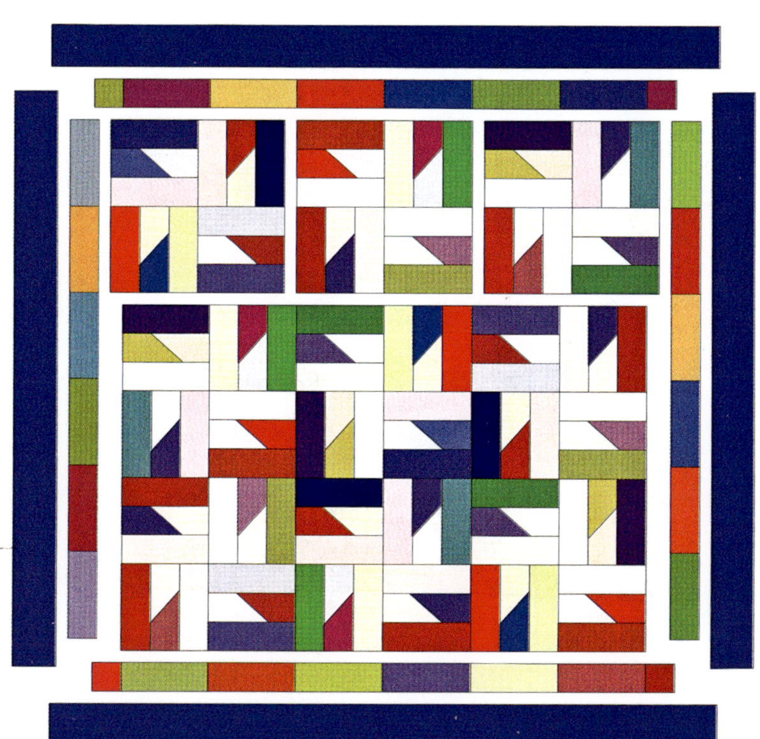

2.07-2 Theodora

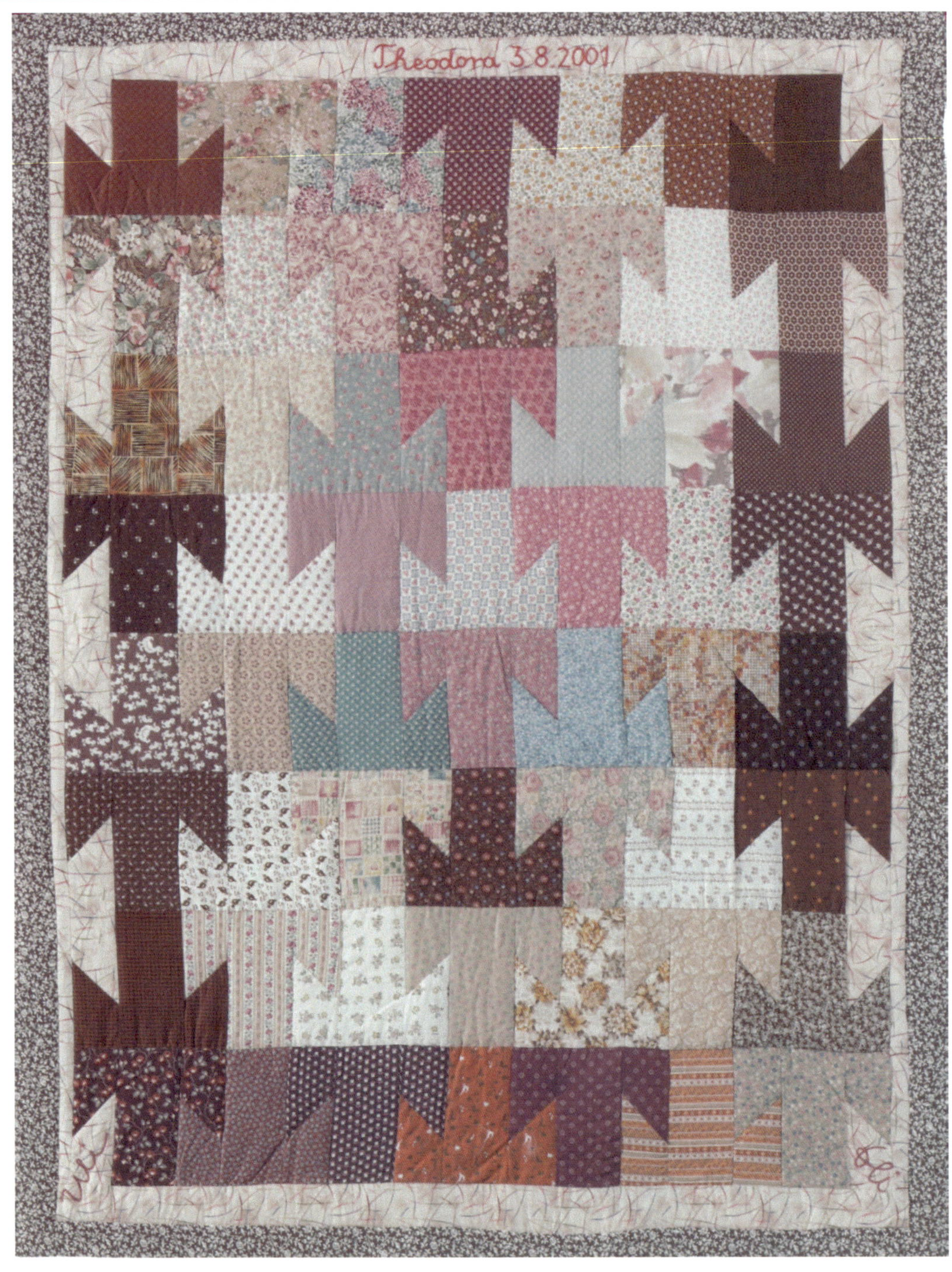

2001, 140 x 100 cm

Eine meiner Nichten heißt Theodora.
Was liegt daher näher, als ihr einen „ T-Quilt" zu nähen?
Die Farben ihres Zimmers bestimmten die Farbfamilie des Quilts.
Ursprünglich gehen alle Patchworkblocks mit einem T auf die Anti-Alkohol-Bewegung der amerikanischen Frauen im 19. Jahrhundert zurück. Das „T" stand dabei für „ Temperance", was soviel wie Mäßigkeit oder auch Abstinenz vom Alkohol bedeutet.
Schauen Sie sich das Foto an. Wenn Sie Nr. 2.07-1 (Stern à la Escher) genäht haben, können Sie das Muster vielleicht eigenständig nähen.

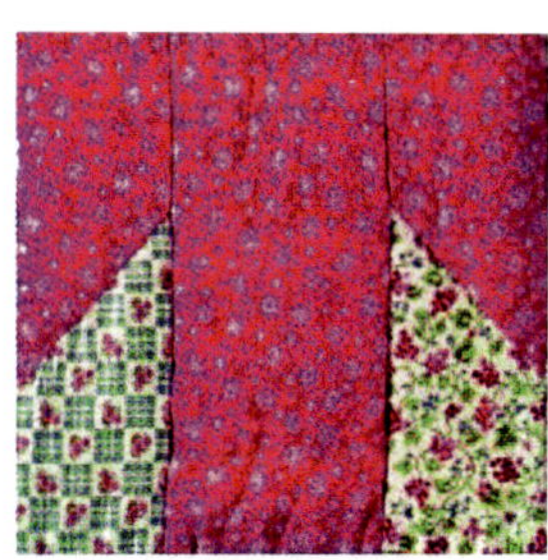

FM: Streifenbreite 15 cm

Zuschnitt:

Maße: siehe 2.07-1

Farben: Achten Sie auf die Hell-Dunkel-Verteilung (siehe Musterquilt).

Nähanleitung:

Lesen Sie die Anleitung 2.07-1 durch. Allerdings sind die Schrägen hier gegengleich. Also müssen bei der Hälfte der hellen Streifen die Ecken in die eine Richtung gebügelt werden und die andere Hälfte in die entgegen gesetzte Richtung. Natürlich müssen auch 2 spiegelbildliche Versionen genäht werden.

Zur Ergänzung brauchen Sie hier nur je einen Streifen, jeweils hell oder dunkel. Die Breite dieser Streifen kann variieren. Somit kann das Element rechteckig oder quadratisch sein.

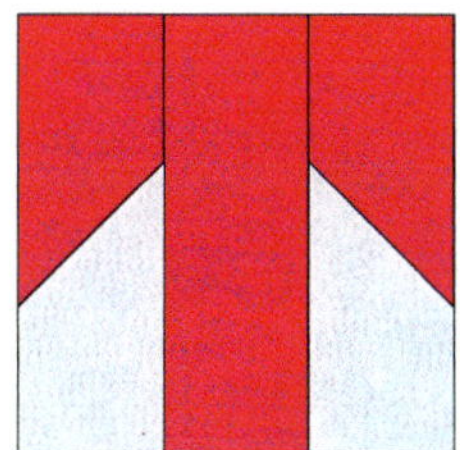

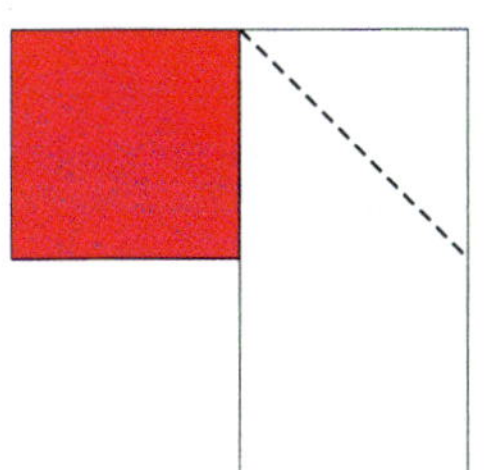

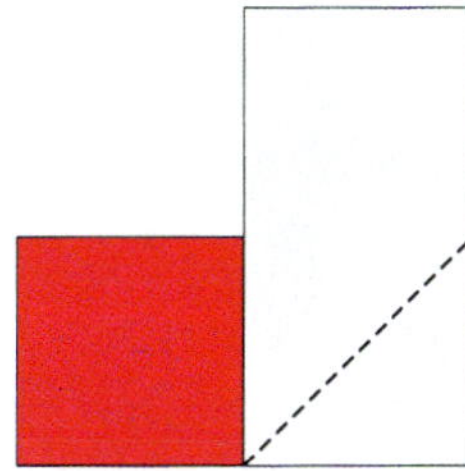

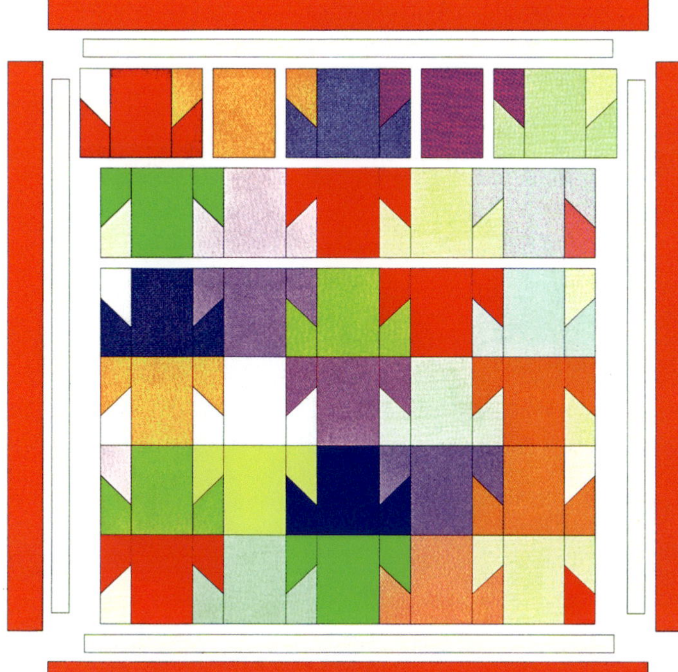

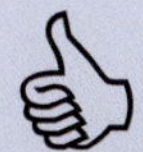

Mein Tipp:
Der Quilt muss in Streifen geplant und genäht werden.

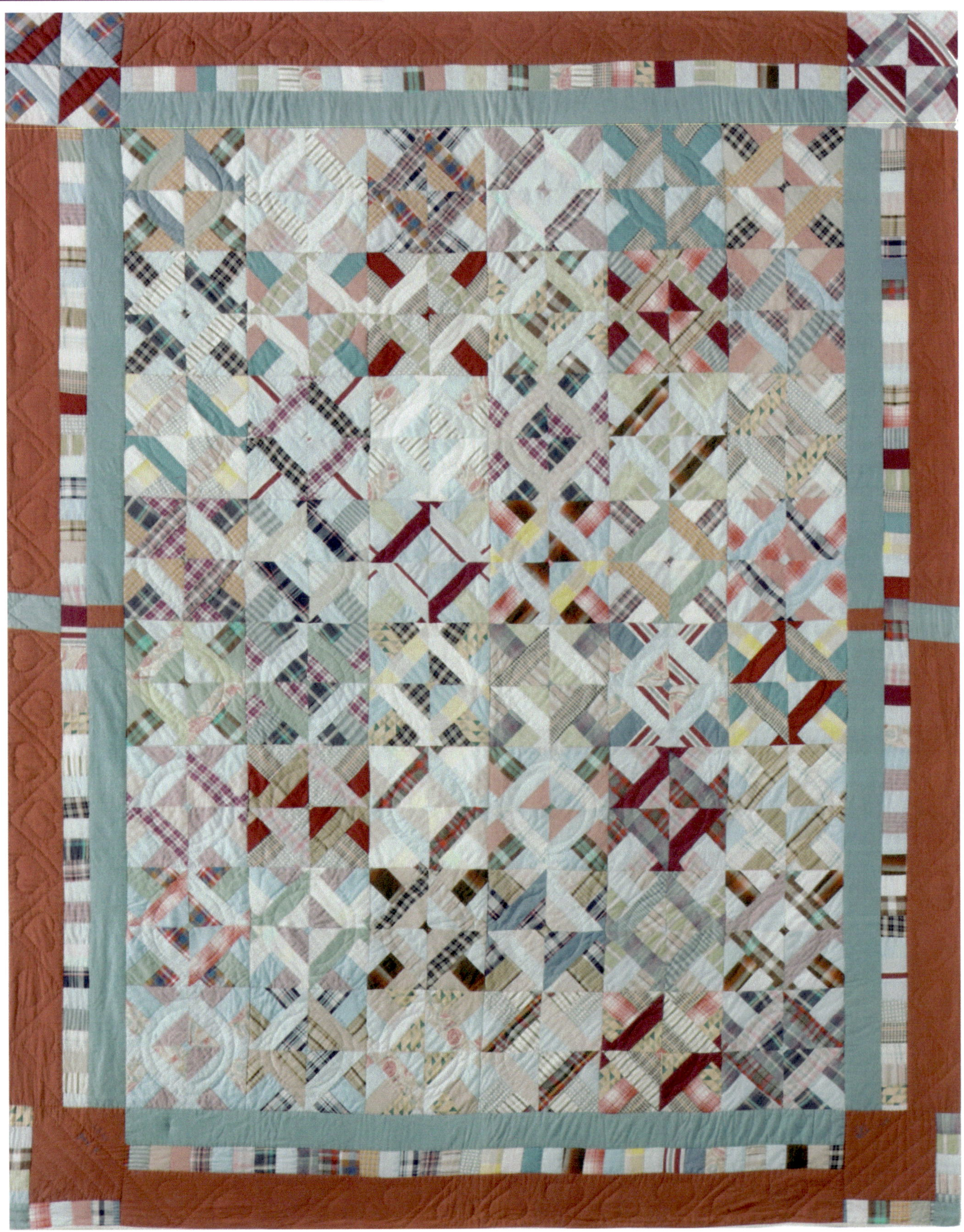

1996, 210 x 165 cm

Ich habe diesen Quilt für meinen Mann zum 50. Geburtstag aus 50 seiner alten Hemden genäht. Jeweils fünf Streifen aus dem Rückenteil bildeten das Ausgangsmaterial.
Der Block besteht aus vier Quadraten, die jeweils aus zwei Dreiecken zusammengesetzt sind; zusammen also acht Dreiecke.

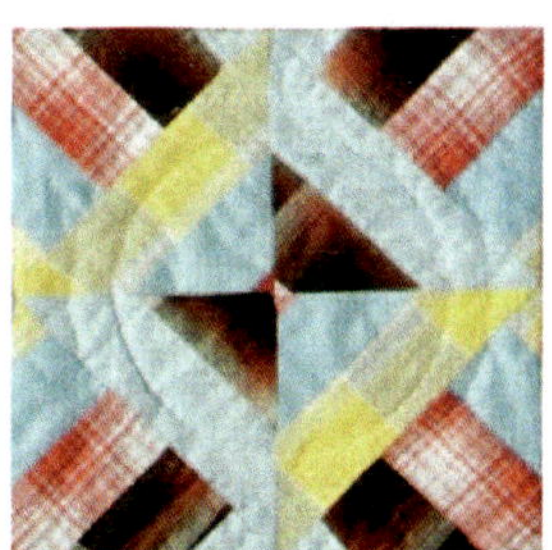

FM: 32 x 32 cm

Zuschnitt:

Die unterschiedlichen Dreiecke entstehen aus einem geschickt zerschnittenen Streifentuch.

Die **Breite** des Streifentuchs errechnet sich wie folgt:

X : $\sqrt{2}$ + NZ 3
→ 32 : 1,42 + 3,5 → 22,5 + 3,5 → **26 cm**
Die Länge des Streifentuches ist die doppelte Breite
2 X 26 → 52 cm
Aus der Breite des Streifentuches lässt sich die **Streifenbreite** ableiten. Für 5 Streifen gilt:
(26 - NZ 1) : 5 → (26 - 1,5) : 5 → 24,5 : 5 → **4,9 cm**
Ich schneide **knapp 5 cm**, also:

5 Streifen zu je **5 cm Breite und 52 cm Länge**

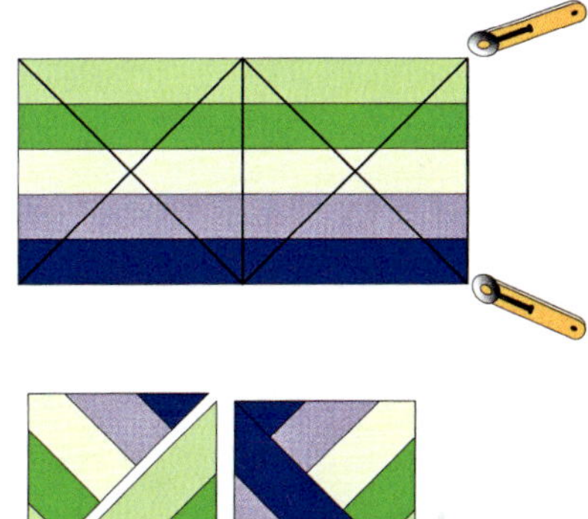

Nähanleitung:

a) Aus 5 Streifen ein Streifentuch (26 x 52 cm) nähen. Die Abbildung zeigt, wie dieses zerschnitten werden muss.

b) Die Dreiecke wie in der Abbildung gezeigt anordnen und immer zwei und zwei zusammen nähen. Vier solcher Elemente bilden den Block.

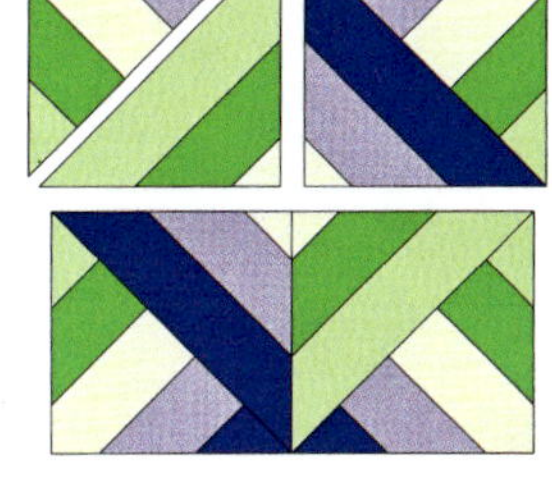

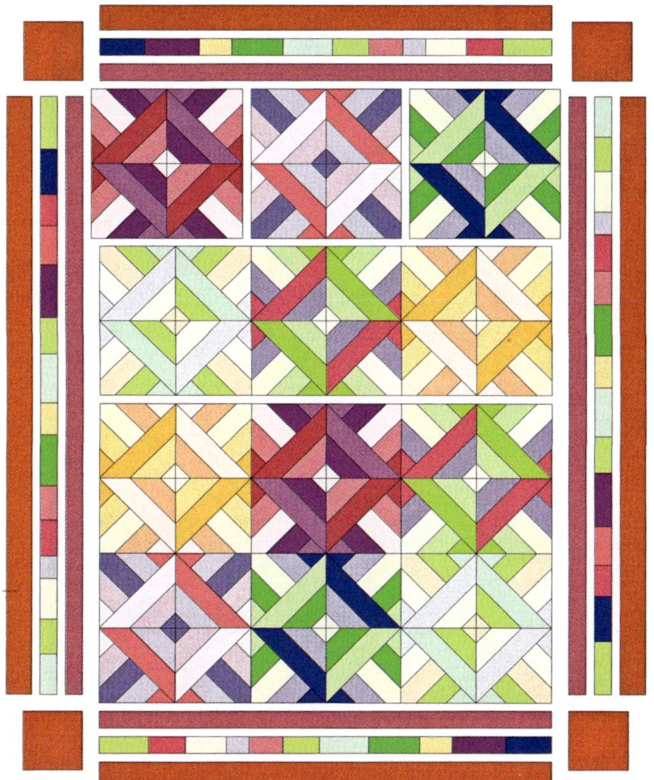

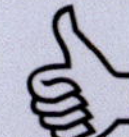

Mein Tipp:
Es gibt mehrere Anordnungsmöglichkeiten; für die Gesamtwirkung spielt es aber keine Rolle, welche Version Sie wählen.

2.09 Elis Favorit

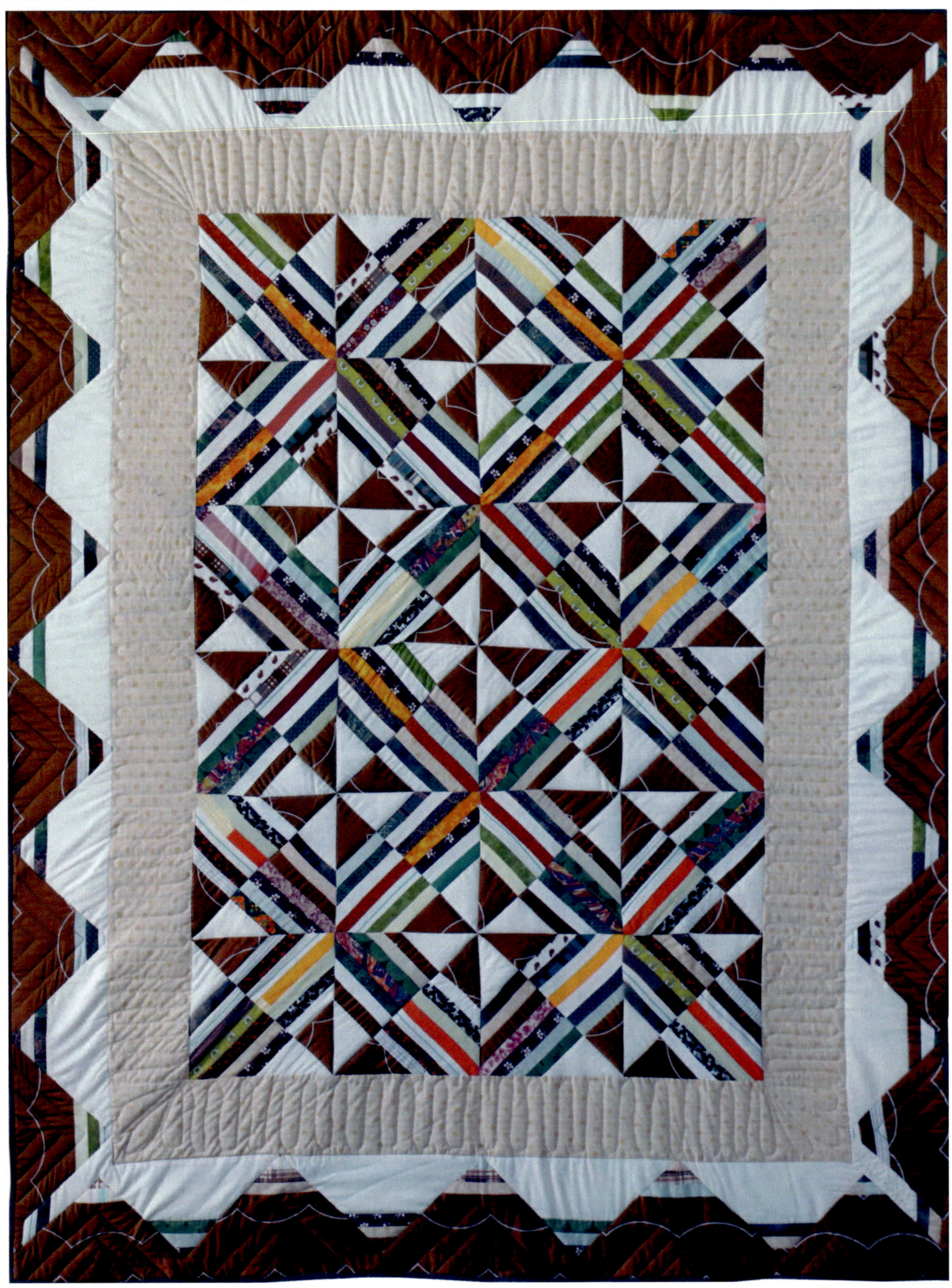

2002, 204 x 148 cm

Das ist eines meiner Lieblingsmuster. Obwohl es aus lauter gleichen Dreiecken besteht, die nur in der Hell-Dunkel- Verteilung variieren, täuscht es Windmühlen in einem gestreiften Umfeld vor.

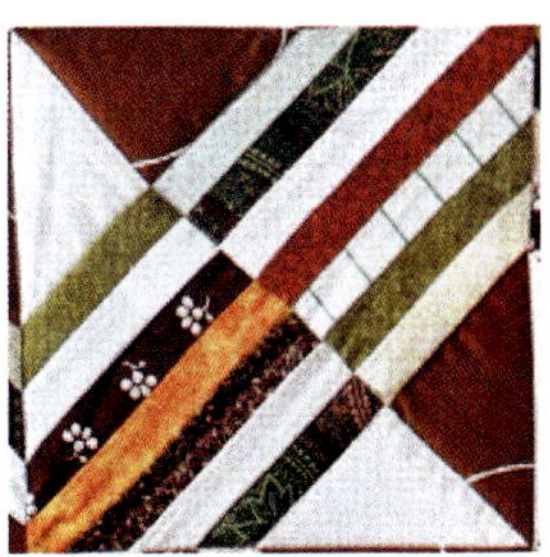

FM: 32 x 32 cm

Zuschnitt:

Die Streifentücher sind in der Aufteilung gleich, nur die Hell-Dunkel-Verteilung ist getauscht.
Die Breite des Streifentuchs errechnet sich wie folgt:

$\mathbf{X : \sqrt{2} + NZ\ 3}$

→ 32 : 1,42 + 3,5 → 22,5 + 3,5 → **26 cm**

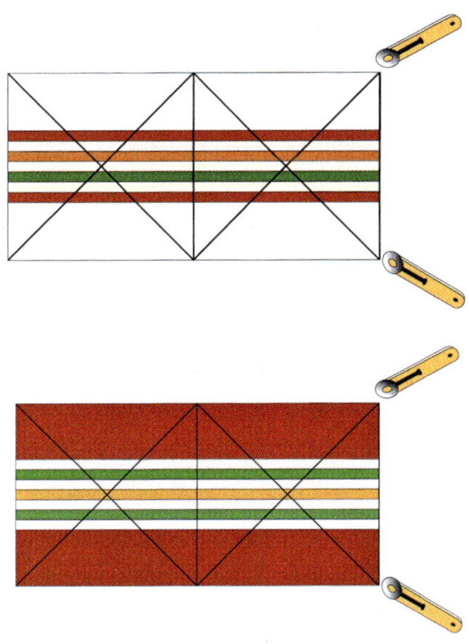

Die **Länge** des Streifentuchs kann ein Quadrat oder ein Vielfaches vom Quadrat sein.
Die **Streifenbreite** hängt von der Anzahl der Streifen ab. Die beiden äußeren Streifen, die später das Windrad ergeben, sind breiter. Von den inneren Streifen brauchen Sie immer eine ungerade Anzahl.

Ich habe für meinen Quilt 7 schmale Mittel-Streifen zu **1,5 cm** genommen und dann bis zum Endmaß von 26 cm ergänzt.

1.1. 7 Streifen hell und dunkel (siehe Abb.)
Breite: 1,5 + NZ 1 → 3 cm
Länge: 26 cm (s.o.)

1.2 2 Streifen hell und dunkel (siehe Abb.)
Breite: [(26 - NZ 1) - (7 X 1,5)] : 2 + NZ 1
→ [(26 - 1,5) - 7 x 1,5)] : 2 + 1,5 → (24,5 - 10,5) : 2 + 1,54 → 14:2 + 1,5 →
→ 7 + 1,5 → **8,5 cm**
Länge: 26 cm (s. o.)

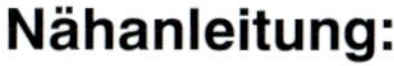

Nähanleitung:

a) 2 „Zebra" - Streifentücher nähen, wobei außen einmal heller und einmal dunkler Stoff liegt,

b) wie in der Abbildung zerschneiden und

c) die „senkrecht gestreiften" Dreiecke für das Mittelteil des Quiltoberteils verwenden, die „waagerecht gestreiften" finden in der Borte Verwendung.

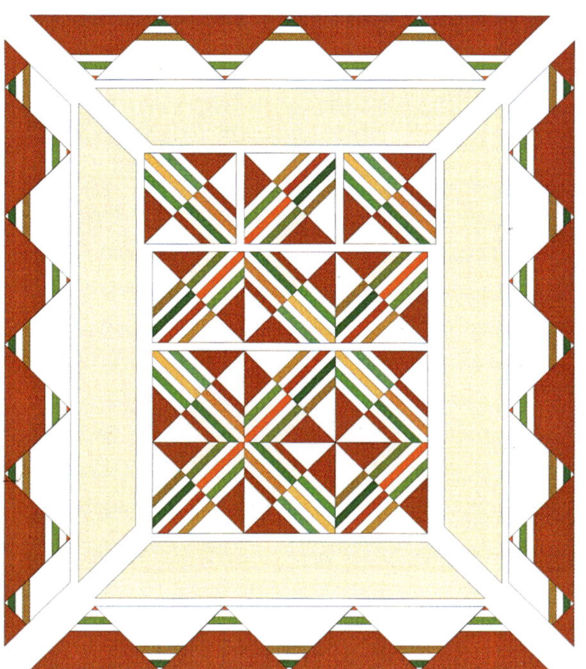

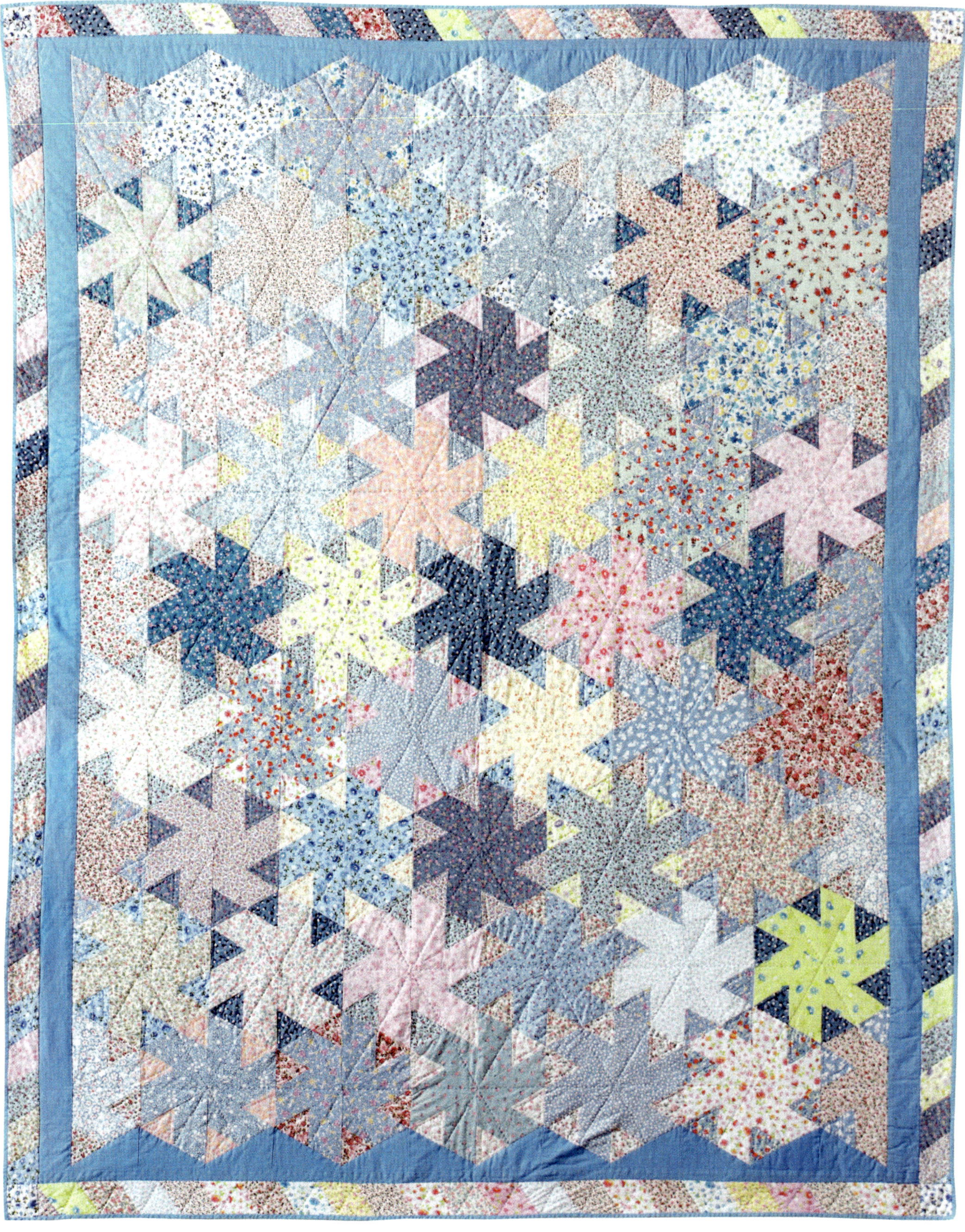

Für Josefine 2005, 210 x 150 cm

Dieses Muster scheint sehr kompliziert zu sein. Der Schein trügt. Es näht sich sogar recht schnell. Ich habe für meinen Quilt die gesammelten Blümchenstoffe vernäht.

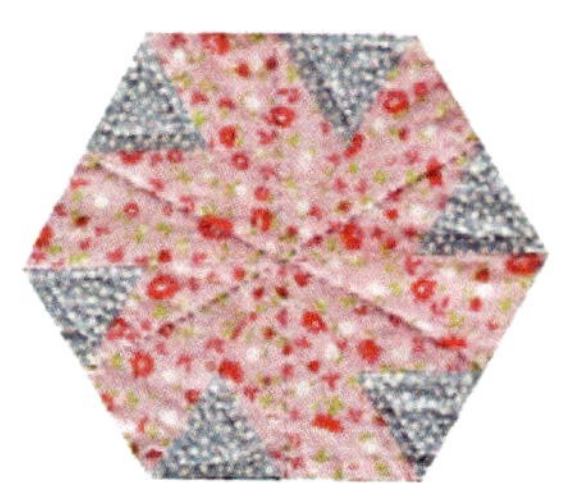

FM: ~ 22 x 25 cm

Zuschnitt:

Für diesen Block ist die Berechnung wegen der unterschiedlichen Winkel sehr kompliziert. Probieren Sie doch einfach die angegebenen Maße.

Zwei farblich unterschiedliche Streifen, je **8 cm breit, = 130 cm** lang
Aus einem Streifentuch entstehen zwei farblich entgegengesetzte Blocks.

Nähanleitung:

a) Aus den beiden Streifen leicht versetzt ein Streifenband nähen.

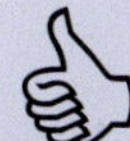

b) Das Streifenband in Dreiecke im 60°-Winkel zerschneiden. Dabei immer im Wechsel die Dreiecksspitze einmal nach oben und einmal nach unten anordnen. Wichtig: Die Schnittlinien immer um die Nahtzugabe (~ 1,25 cm) auseinander schieben.

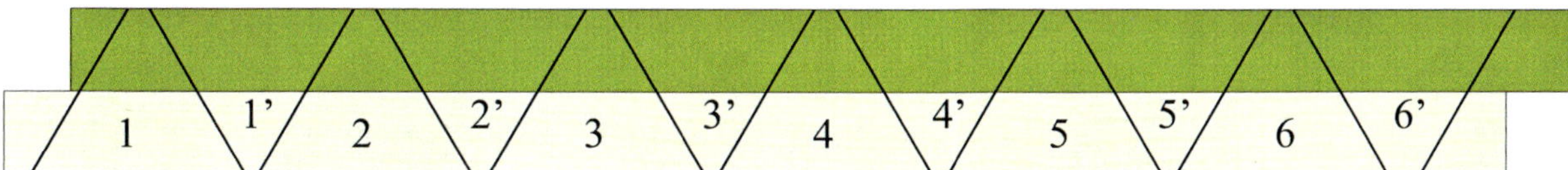

c) Es entstehen 2 Farbversionen von Dreiecken. Von jeder Version werden 6 Stück benötigt.

d) Aus jeweils 3 gleichen Teilen ein halbes Sechseck nähen.

e) Die halben Sechsecke zum Quiltoberteil anordnen. Es kann in senkrechten Reihen zusammengenäht werden.

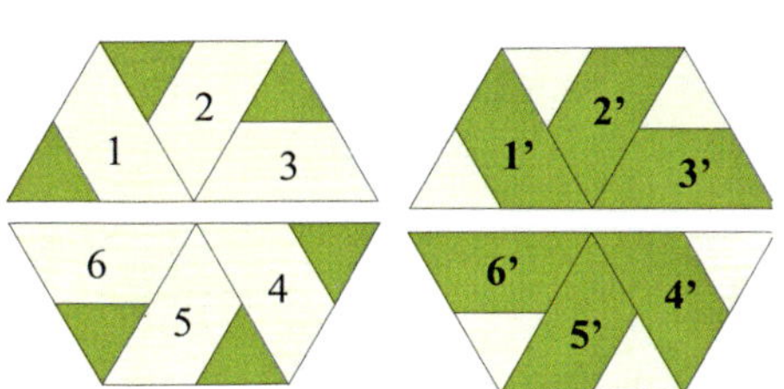

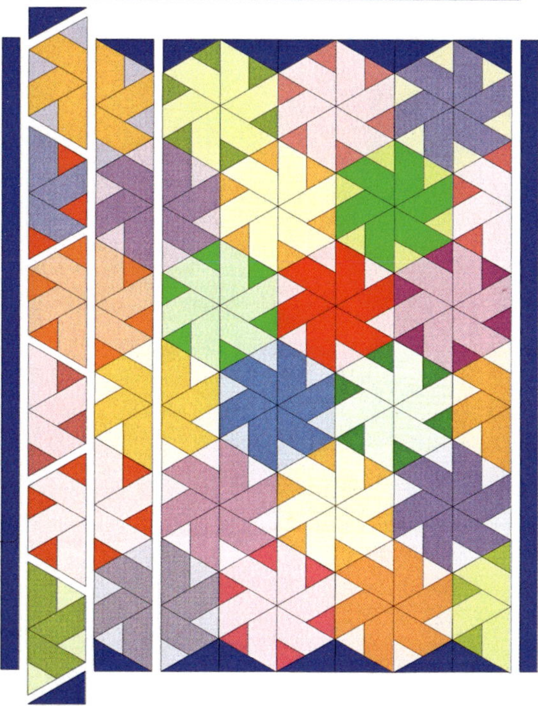

Mein Tipp:

Diese Methode eignet sich, um schnell ein Mitbringsel zu nähen.
So ein Sechseck-Pärchen ergibt von der Größe her dekorative Topflappen: Verstürzen, Aufhänger dran und fertig!

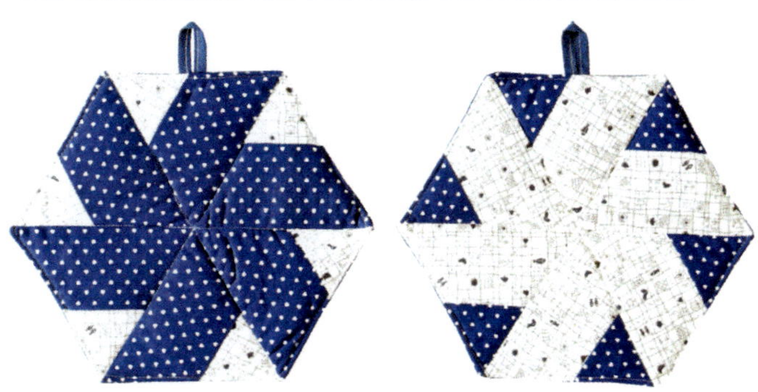

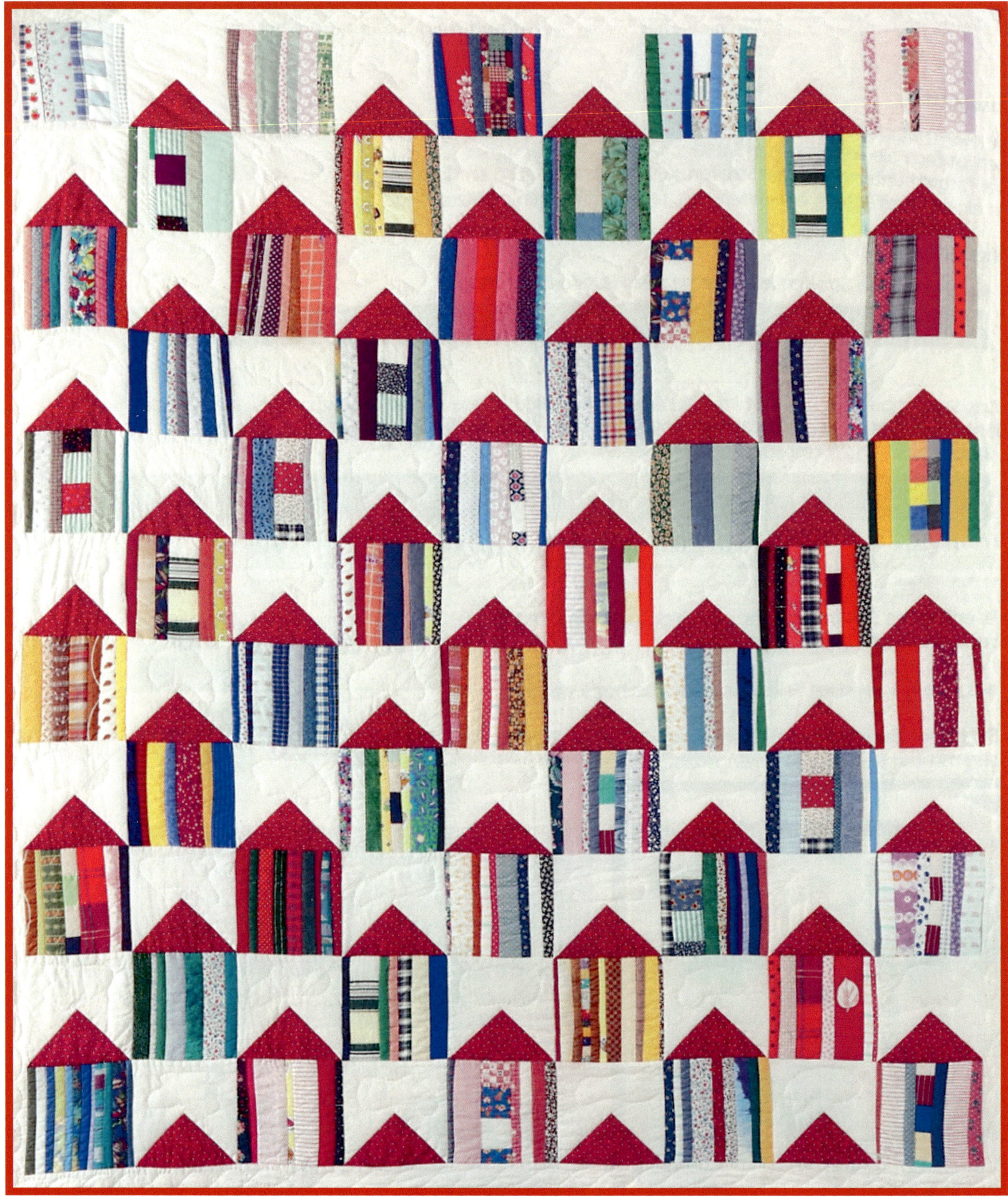

2004, 195 x 160 cm

Diesen Quilt habe ich für meine Kindergruppe erarbeitet.
Das Muster bietet sich an, wenn man ganz bunte Streifenreste (ca. 25 cm lang) verarbeiten will.
Natürlich kann man die Reste auch nach Farbfamilien sortieren.
Die Hütte besteht aus 2 verschiedenen Blocks (je 22 x 22 cm), dem Hüttenblock und der Dach-Himmel-Kombination.

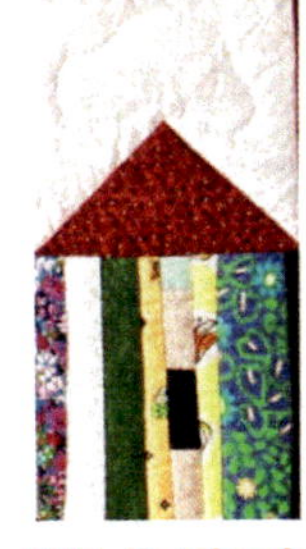

FM: 2 Blocks à 22 x 22 cm

Zuschnitt:

1. **für den Hüttenblock**
   Streifenreste ca. **25 cm** lang

2. **für die Dach-Himmel-Kombination** (die Angaben reichen für insgesamt 4 Dach-Himmel-Blocks):
   a) 2 Quadrate (je einmal Himmel- und einmal Dachfarbe)
   X + NZ 3
   → 22 + 3,5 → **25,5 cm**
   b) 2 Quadrate (Himmelfarbe)
   X + NZ 2
   → 22 + 2,5 → **24,5 cm**
   je einmal diagonal geteilt ergibt 4 Dreiecke

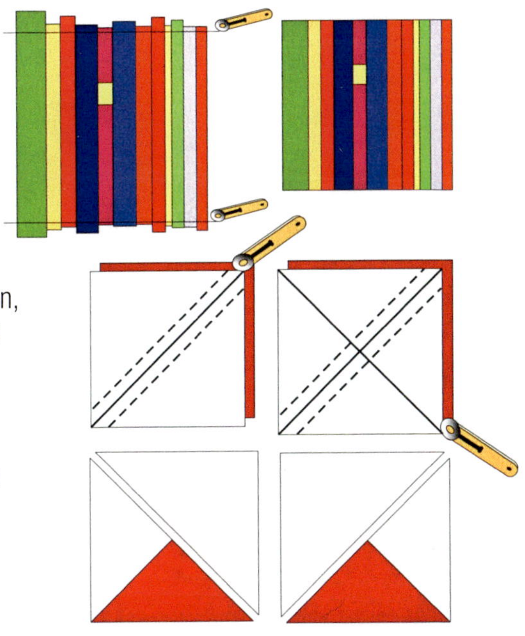

Nähanleitung: (für Zuschnitt aus 1)

Streifenreste zu kleinen Streifentüchern verarbeiten und daraus Blocks zuschneiden. Kantenlänge:
X + NZ 1
→ 22 + 1,5 → **23,5 cm**

Nähanleitung: (für Zuschnitt aus 2)

a) Die beiden Quadrate aus **Zuschnitt 2 a** rechts auf rechts legen, eine Diagonale markieren und jeweils links und rechts davon mit nähfüßchenbreitem Abstand zu der Linie nähen.

b) Jetzt zerschneiden Sie das Quadrat in beiden Diagonalen.

c) So entstehen 4 geteilte Dreiecke, die mit den Dreiecken aus **Zuschnitt 2 b** zu 4 Dach-Himmel-Kombinationen zusammen genäht werden.

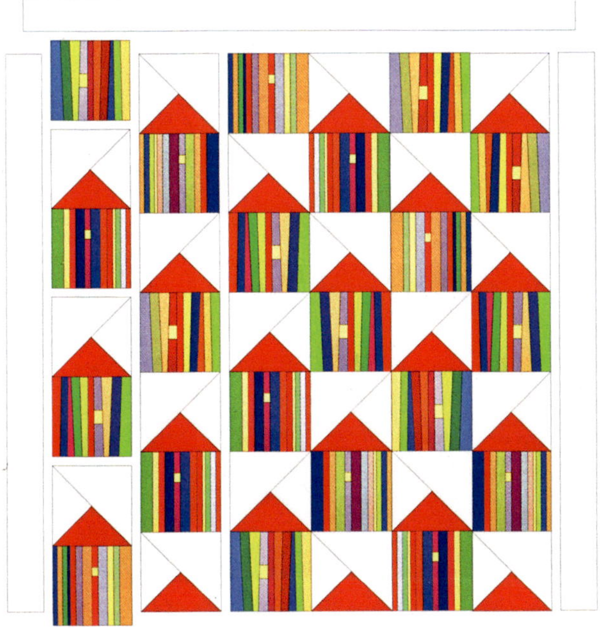

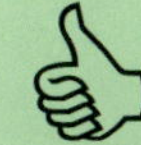

Mein Tipp:

Die Hütten werden versetzt angeordnet; dadurch benötigen Sie am oberen und unteren Ende Ergänzungen, bzw. Sie müssen den „Himmel" nachschneiden, oder Sie haben oben Häuser ohne Dach und unten Dächer ohne Haus.

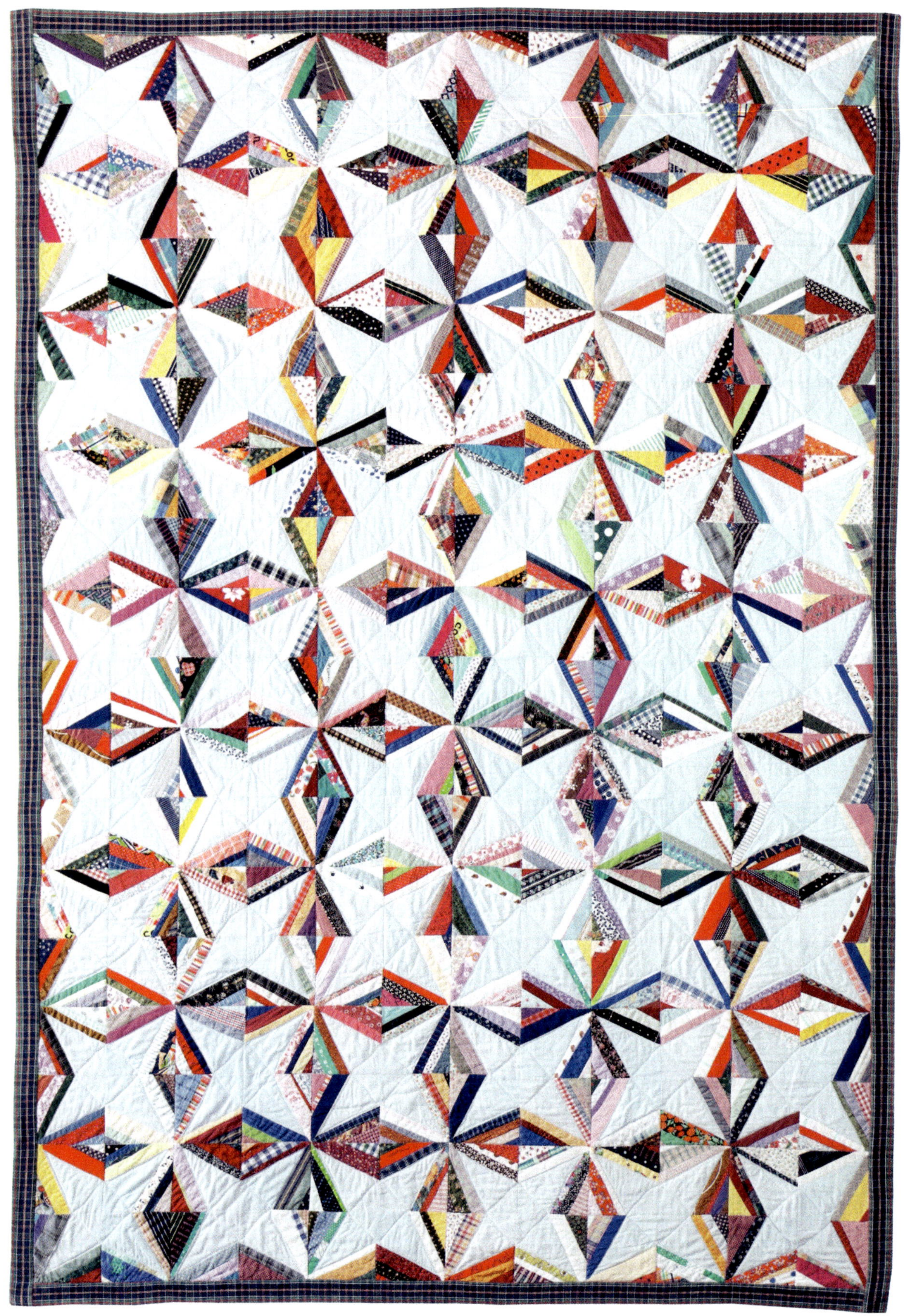

2002, 250 x 170 cm

Für diesen Stern (oder besser den Hintergrund der Sterne) können Sie unterschiedlichste Streifenreste verwenden: lange, kurze, breite, schmale und auch alle Farben.
Sie arbeiten auf einem Trägerstoff, der auch variieren kann; er wird in den Sternen sichtbar. Dabei Können Sie „kunterbunt" gestalten, aber auch gezielt vorgehen - siehe „Quilt für Josefine". Hilfreich ist hierfür das Rasterblatt.

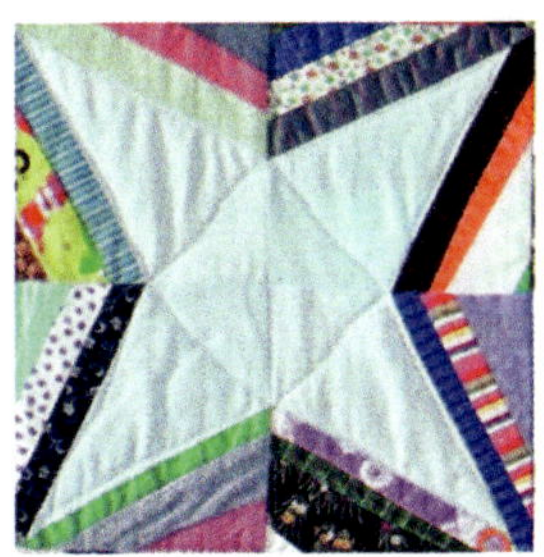

FM: 30 x 30 cm

Zuschnitt:

1. 4 Quadrate Sternenfarbe
   1/2 X + NZ 1
   ➜ 1/2 x 30 + 1,5 ➜ 15 + 1,5 ➜ **16,5 cm**
2. Streifen: siehe oben

Nähanleitung:

a) Auf der Rückseite aller Quadrate mit einer Pappschablone ein Drachenviereck markieren.
Die Pappschablone nach eigenen Vorstellungen selbst herstellen.
Achtung: Stumpfe Spitze in einer Ecke anlegen; spitze Spitze darf nicht bis in die gegenüberliegende Ecke reichen.

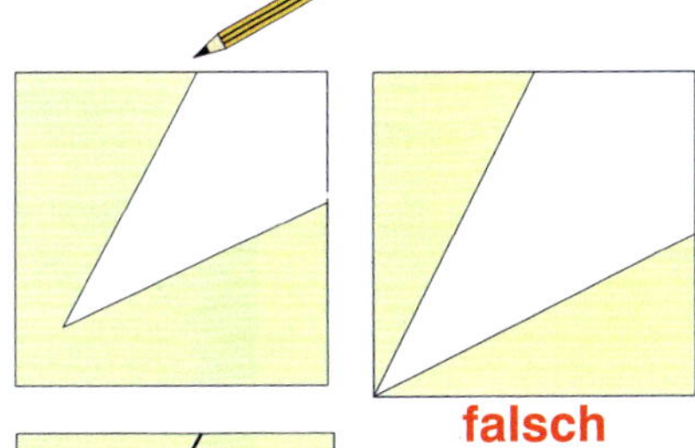

b) Es wird in Klapptechnik genäht. Den ersten Streifen rechts auf rechts auf die Vorderseite legen, und zwar so, dass die Nahtzugabe nähfüßchenbreit über die Nählinie hinausragt (siehe Abbildung). Entlang der rückseitigen Markierung nähen (siehe auch Nähen auf Papier, Seite 17).

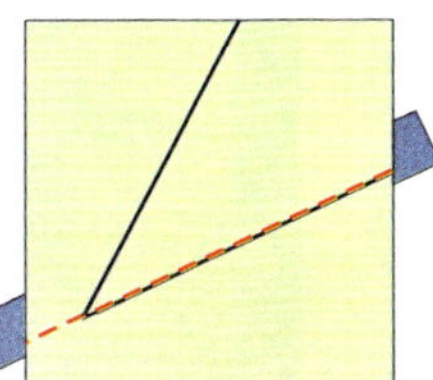

c) Die weiteren Streifen immer entlang der Kante des vorhergehenden Streifens anlegen und annähen. So wird der „Hintergrund" um die Drachenvierecke aufgefüllt. Alle Quadrate nach schneiden. Aus vier Quadraten entsteht ein Stern.

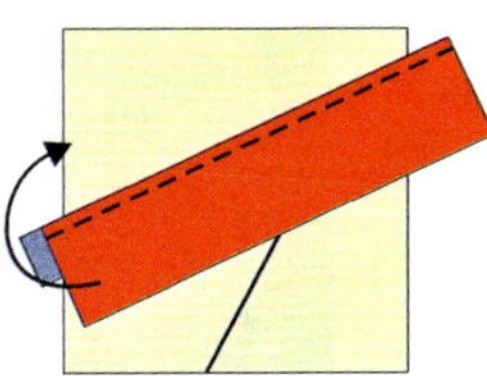

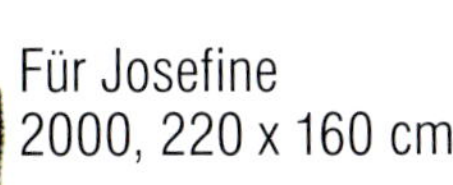

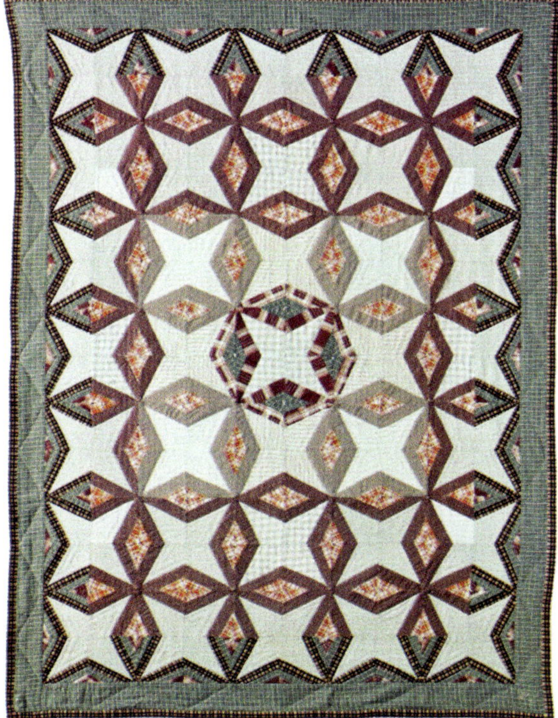

Für Josefine
2000, 220 x 160 cm

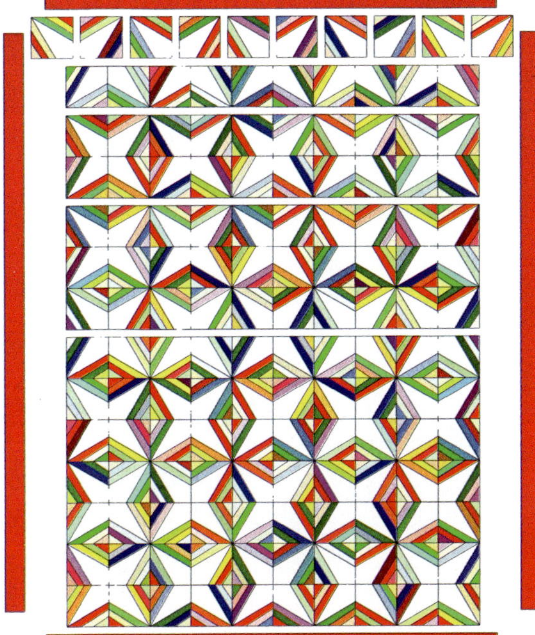

3.03 54:40 Scrap Star

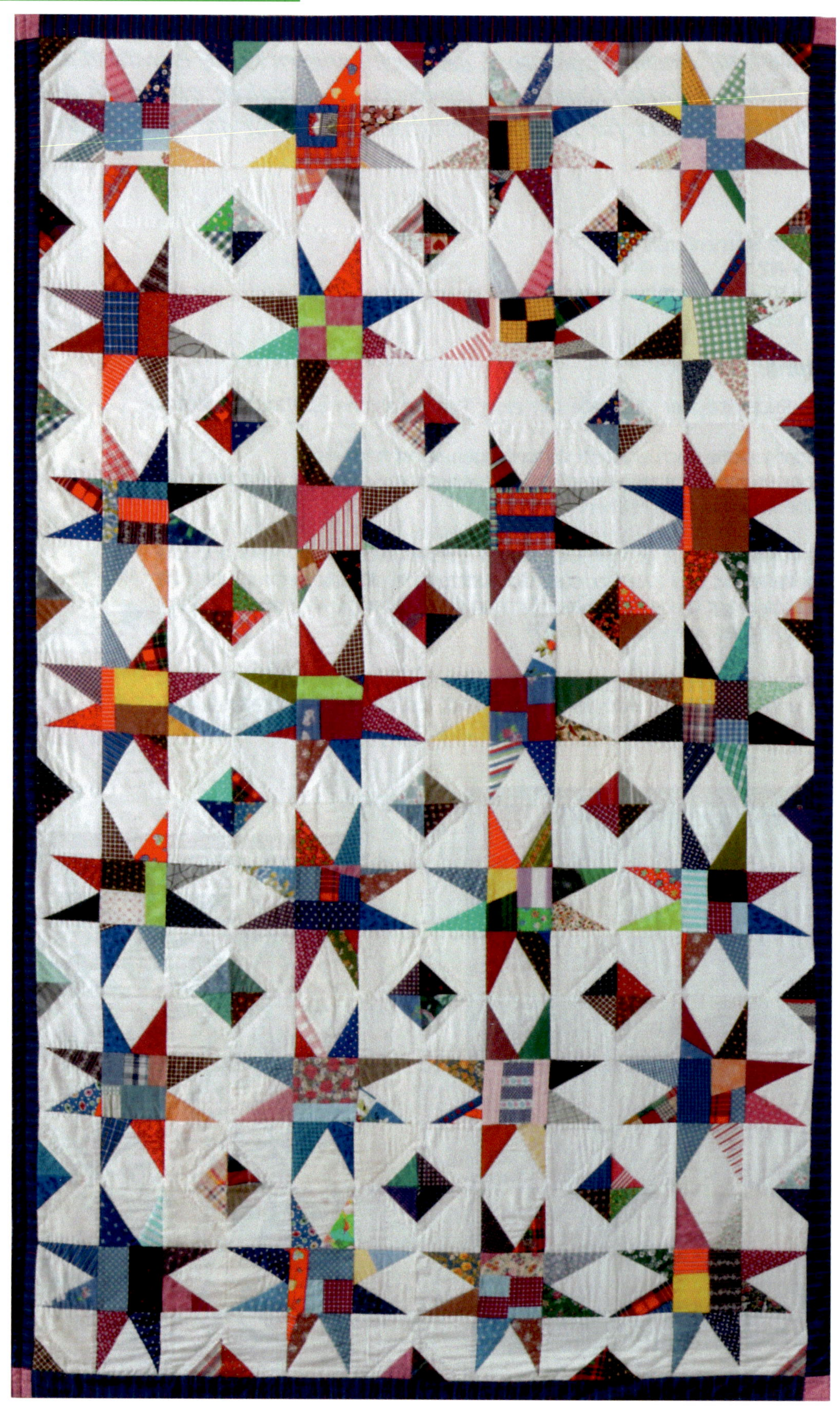

2004, 220 x 128 cm

Ich nähe diesen Stern besonders gerne, wenn in der Restekiste großes Durcheinander herrscht Auch kleine Musterblocks, Reste von Streifentüchern, geteilte Quadrate usw. finden Verwendung und ich freue mich, wenn ich Reste aus anderen Projekten in eine neue Umgebung einbauen kann.

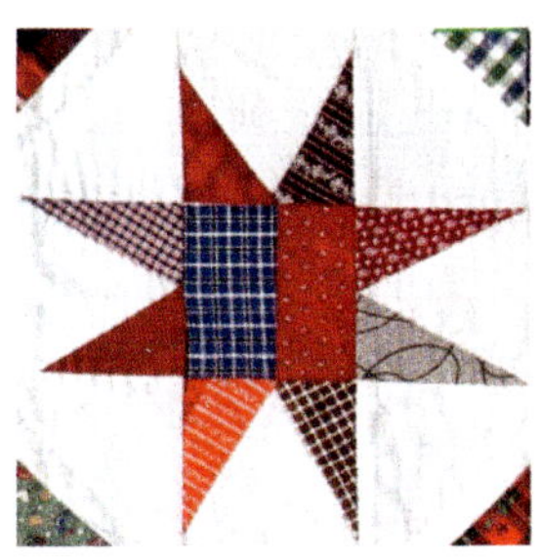

FM: 30 x 30 cm

Zuschnitt:

1. 8 Quadrate Hintergrundfarbe
   1/3 X + NZ 1
   ➔ 1/3 x 30 + 1,5 ➔ 10 + 1,5 ➔ **11,5 cm**
2. Streifen jeder Länge und Breite

Nähanleitung:

a) 4 der vorbereiteten Quadrate werden in Klapptechnik übernäht. Dazu ungefähr die Mitte einer Kante markieren und einen Streifen rechts auf rechts auflegen und festnähen.
Achtung: Den ersten Streifen **nicht** bis in die Ecke des Quadrates ragen lassen; sonst fehlt später die Spitze der Zacke.
Die markierte Mitte dient lediglich der Orientierung, die Zacken dürfen unterschiedlich sein.

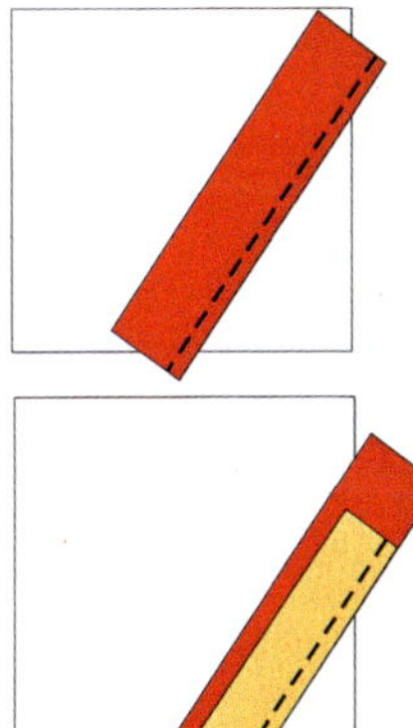

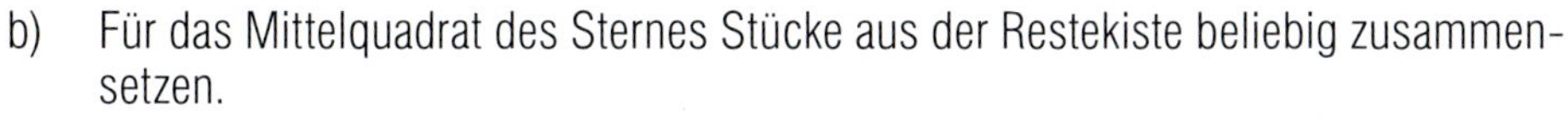

b) Für das Mittelquadrat des Sternes Stücke aus der Restekiste beliebig zusammensetzen.
Alle 5 Quadrate auf eine Kantenlänge von 11,5 cm nachschneiden.

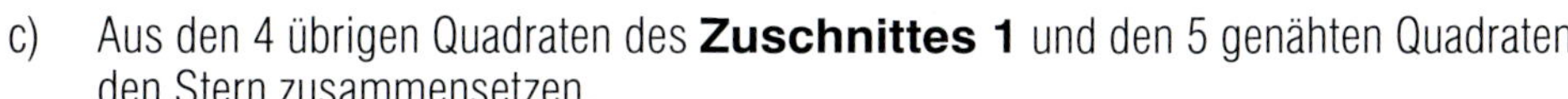

c) Aus den 4 übrigen Quadraten des **Zuschnittes 1** und den 5 genähten Quadraten den Stern zusammensetzen.

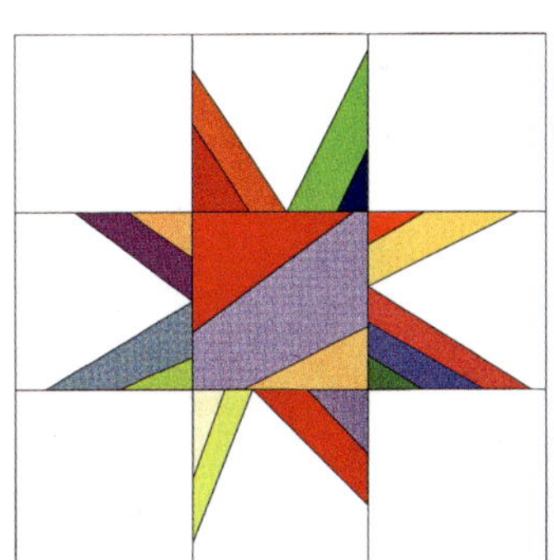

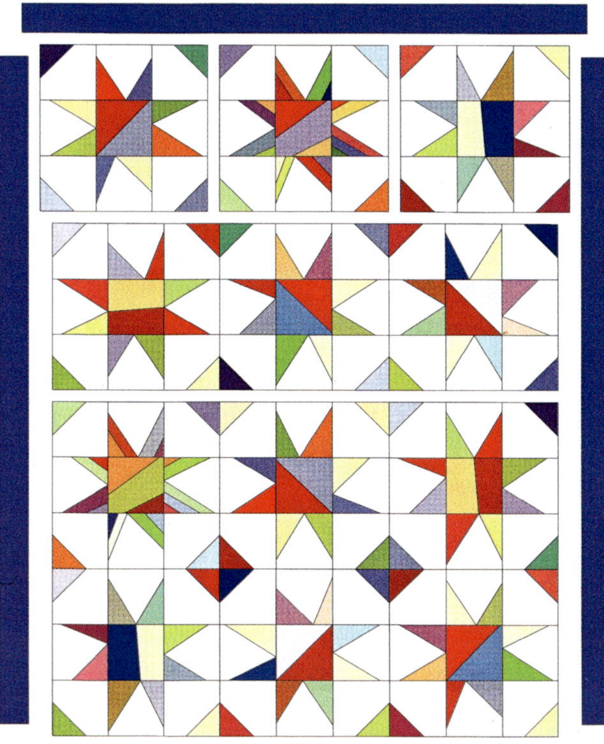

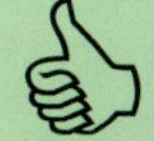

Mein Tipp:

Eventuell die Ecken des fertigen Blocks noch mit Dreiecken übernähen.

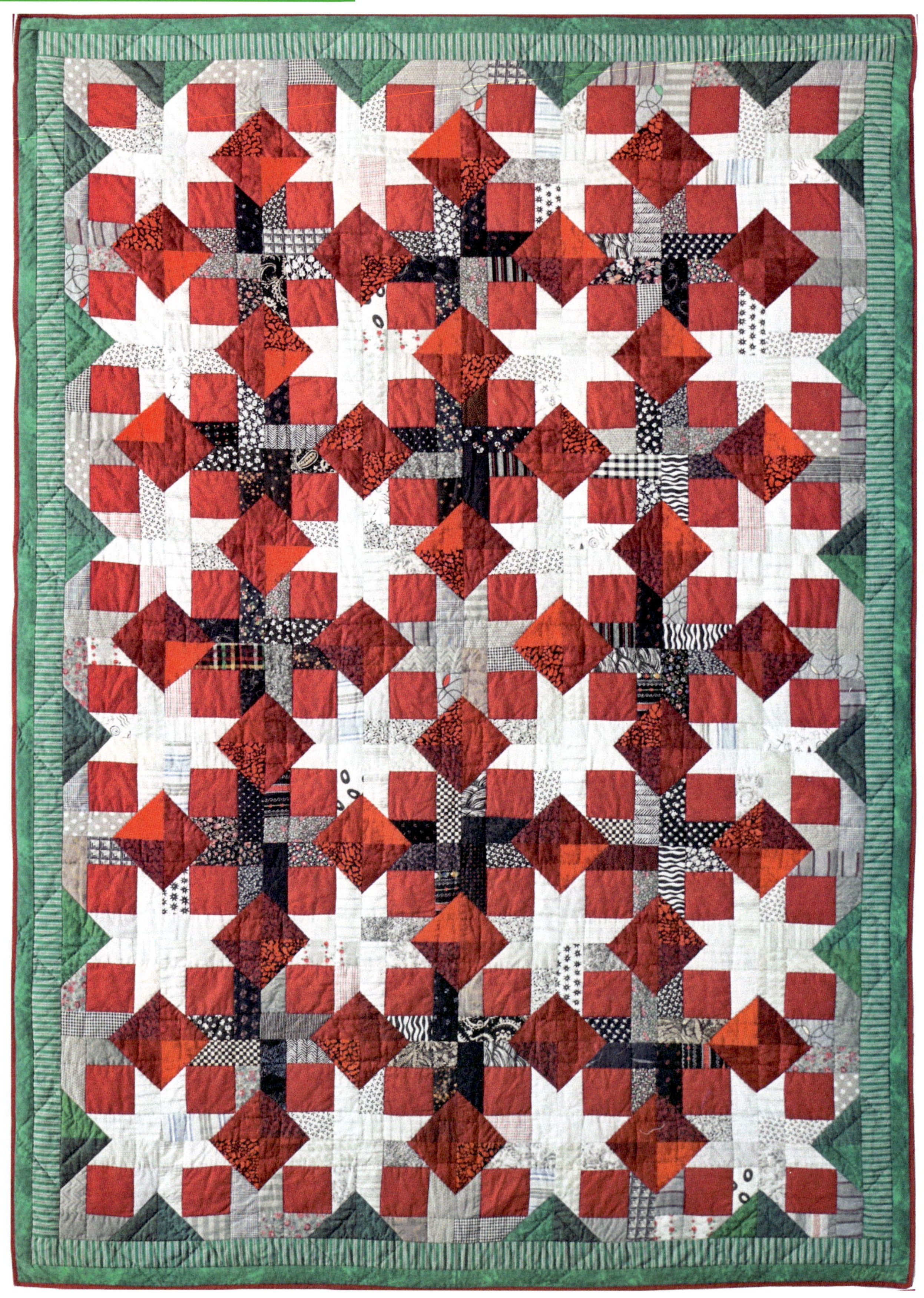

2005, 204 x 141 cm

Dieser Stern bietet die Möglichkeit, zwei Farbfamilien zusammenzuführen.

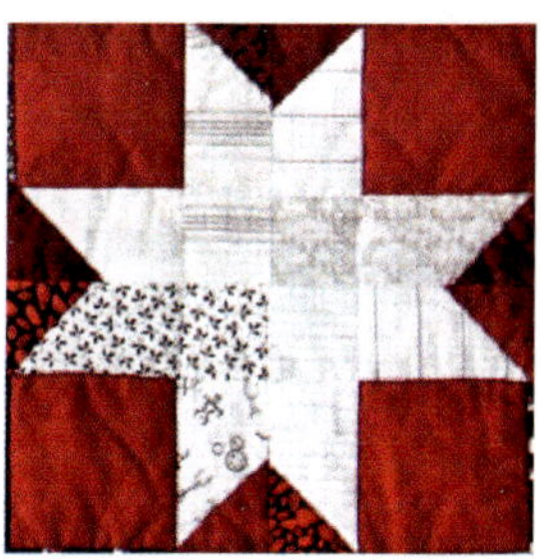
FM: 32 x 32 cm

Zuschnitt:

1. 4 Quadrate Hintergrundstoff
   1/4 X + NZ 1
   ➔ 1/4 x 32 + 1,5 ➔ 8 + 1,5 ➔ **9,5 cm**
2. Streifen (Sternenstoff, evtl. 2 verschiedene)
   Breite:
   1/8 X + NZ 1
   ➔ 1/8 x 32 + 1,5 ➔ 4 + 1,5 ➔ **5,5 cm**

2.1 **Länge 1:**
1/4 X + NZ 1
➔ 1/4 x 32 + 1,5 ➔ 8 + 1,5 ➔ **9,5 cm** (mindestens!)

2.2 **Länge 2:**
3/8 X + NZ 1
➔ 3/8 x 32 + 1,5 ➔ 12 + 1,5 ➔ **13,5 cm** (mindestens!)

3. 4 Quadrate Hintergrundstoff
   1/4 X + NZ 3
   ➔ 1/4 x 32 + 3,5 ➔ 8 + 3,5 ➔ **11,5 cm**

Diese Quadrate je einmal diagonal geteilt ergeben 8 Dreiecke

Nähanleitung:

a) Genäht wird in „Blockhaustechnik". An die Quadrate aus **Zuschnitt 1** die kurzen (evtl, unterschiedlich farbigen) Streifen an gegenüberliegende Seiten nähen.

b) Die langen Streifen an die beiden anderen Seiten nähen. Die Streifen sind zu kurz für die gesamte Länge. Die Streifen so annähen, dass Lücken an gegenüberliegenden Ecken bleiben. (Auf die Farbe achten, falls zweifarbig gearbeitet wird.)

c) Die beiden gegenüberliegenden Ecken, die unvollständig sind, im 45° Winkel nachschneiden.
   Achtung: Die Nahtzugaben an den Ecken des Quadrats müssen erhalten bleiben.

d) Mit den Dreiecken aus **Zuschnitt 3** das Element ergänzen. Vier solcher Elemente bilden einen Block.

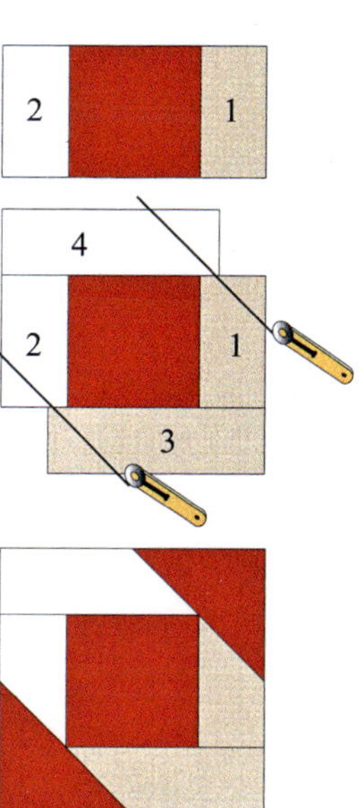

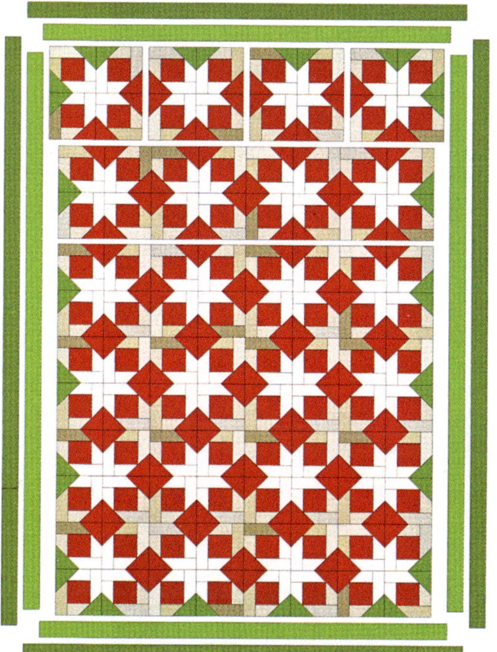

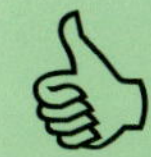
Mein Tipp:
Die Farbanordnung eröffnet Ihnen noch weitere interessante Variationen.

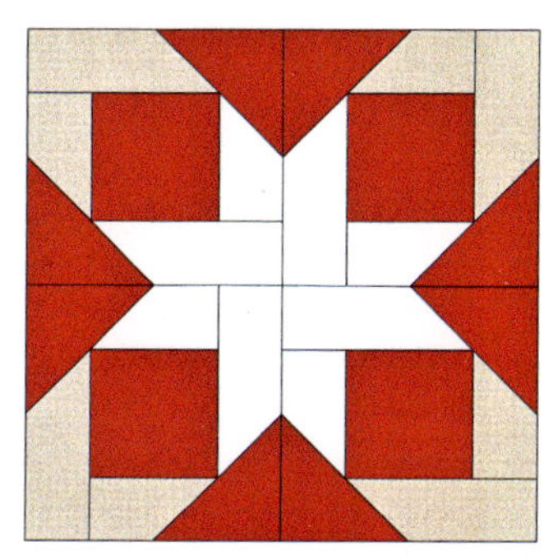

4.01 Rechtecke Quilt 1

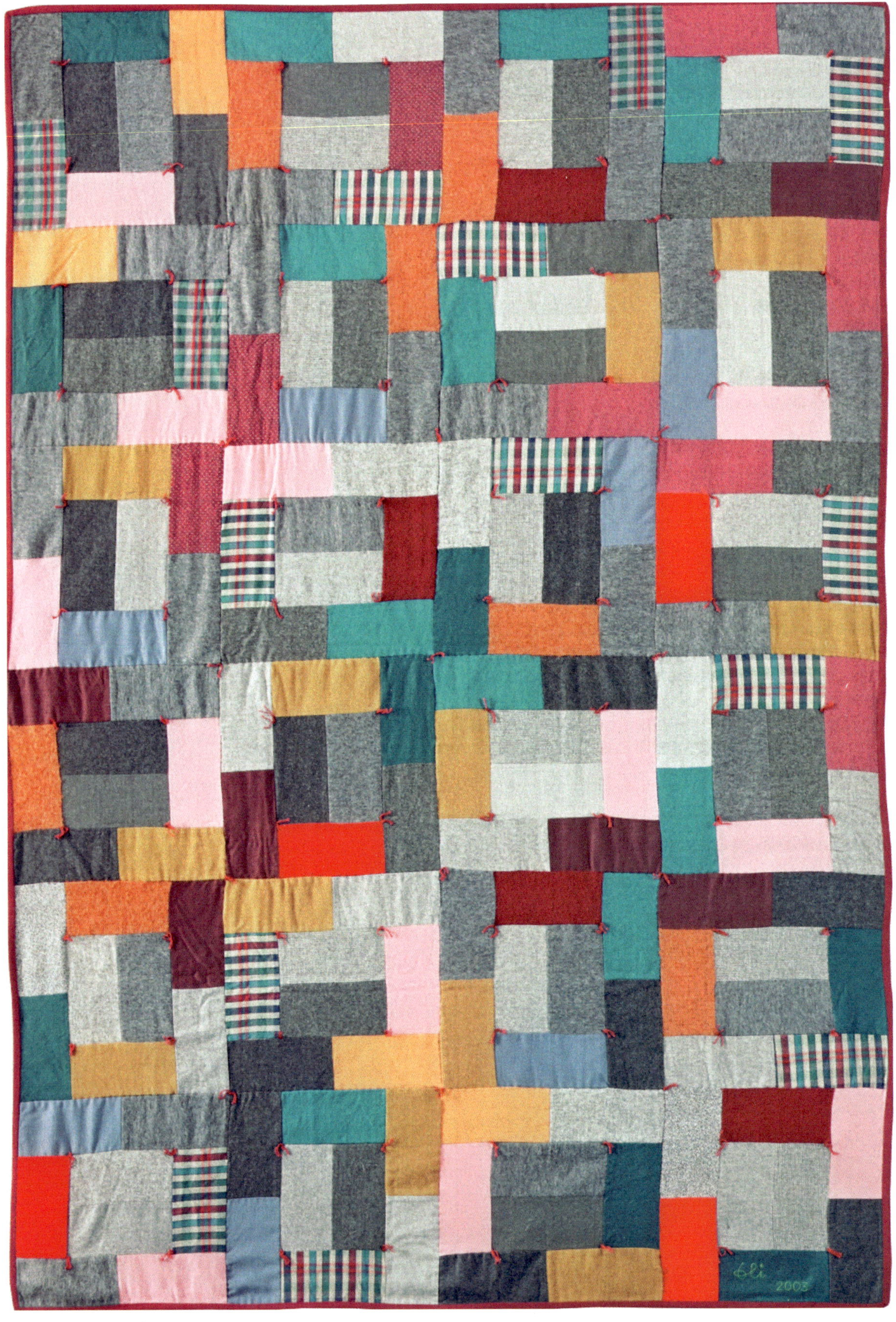

2003, 214 x 140 cm

Das Muster „Rechtecke“ bietet sehr viele Möglichkeiten, da hier aus den Doppelquadraten (8 St. oder 18 St.) Blocks gebildet werden, die nur konsequent in der Farbverteilung (hell - dunkel oder mehrere Farbfamilien) sein müssen.
Es gibt verschiedene Blockraster, die durch Positiv-Negativ, Spiegeln und Drehen in interessante Flächenmuster münden.
Am besten probieren Sie das auf Rasterblättern aus.

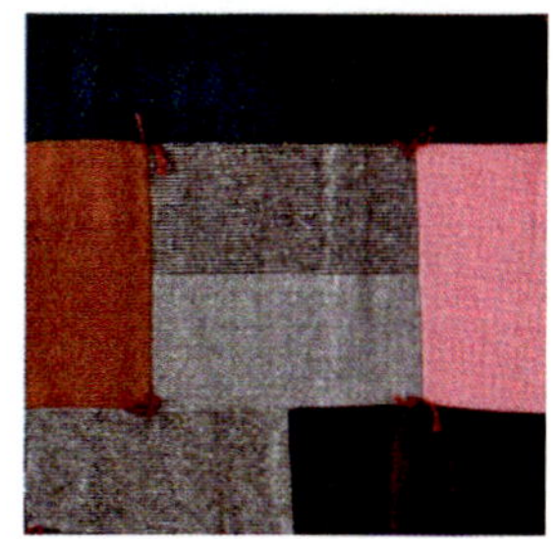

FM: variabel

Zuschnitt:

Rechtecke (Doppelquadrate)
Die lange Seite des Rechtecks ist doppelt so lang (**2 X**) wie die kurze (**X**).
Dann müssen Sie zu beiden Maßen noch 1,5 cm Nahtzugabe (**NZ 1**) addieren.

Nähanleitung:

Die Blocks von der Mitte ausgehend zusammennähen; 2 Rechtecke werden zu einem Quadrat verbunden, entsprechend Ihres Blockmusters fortfahren.

Blockvariationen für 8 Rechtecke:

Blockvariationen für 18 Rechtecke:

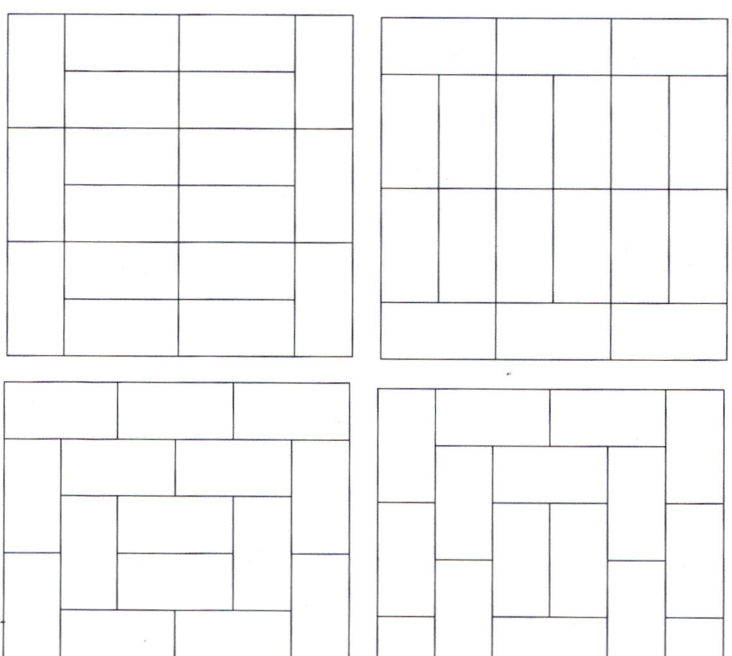

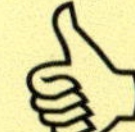

Mein Tipp:

Quilt 1 ist ohne Borte aus Wollrechtecken genäht.
Quilt 2 hat als Borte gefaltete „Fliegende Gänse“, die aus den gleichen Rechtecken wie der Quilt selbst genäht wurden.

4.01 Rechtecke Quilt 2

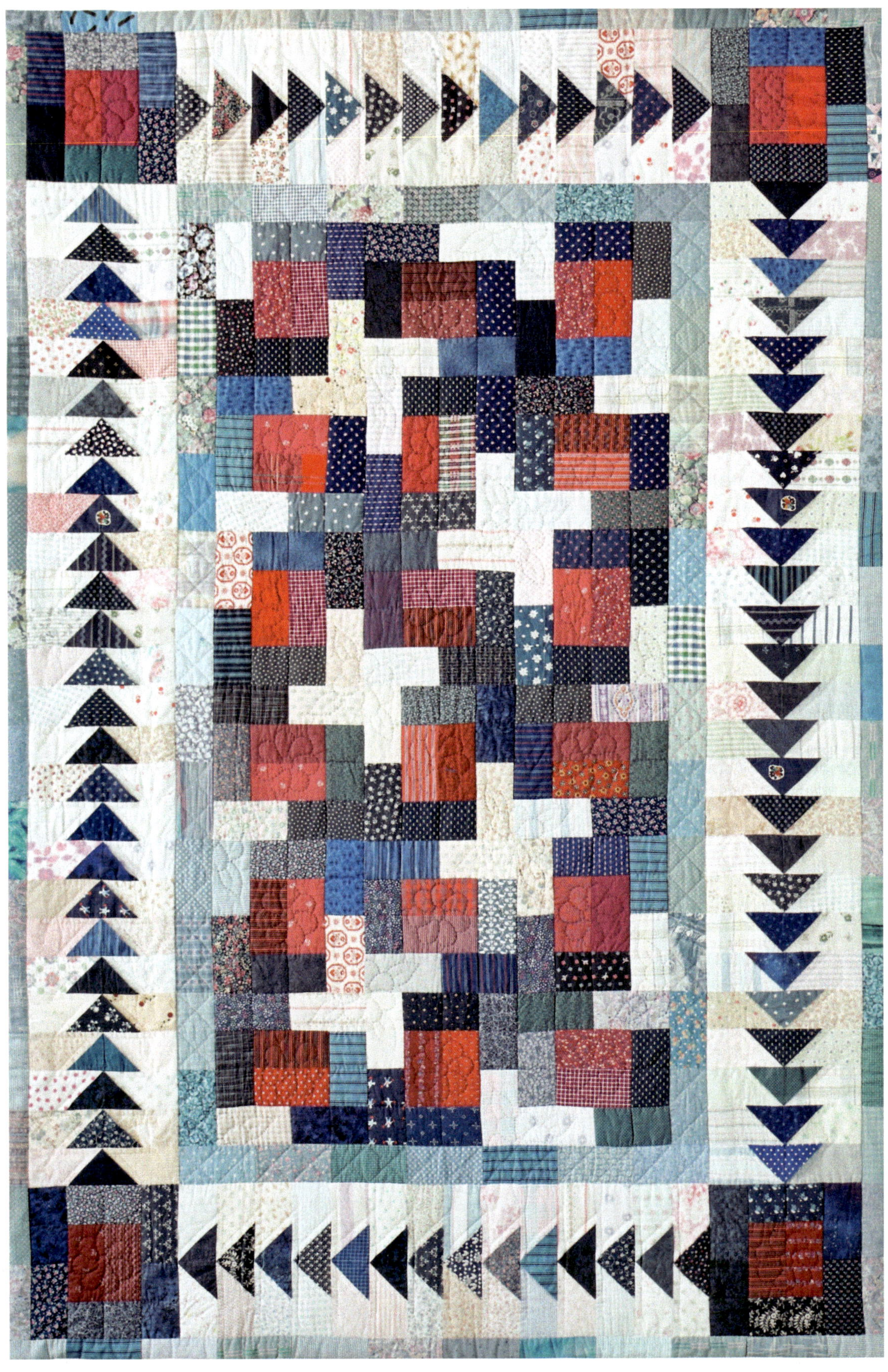

2005, 220 x 145 cm

Zuschnitt für die Gänse:

Maß: **siehe oben**

Farbe: zweimal Himmelstoff einmal Gänsestoff

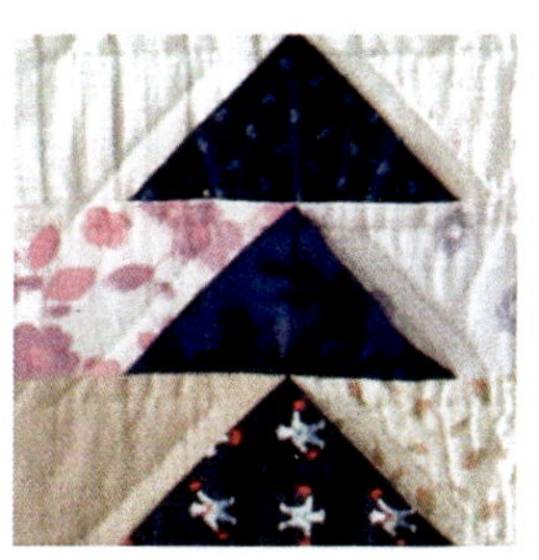

Nähanleitung:

a) / b) / c)

Entsprechend der Abbildungen das gefaltete „Gänserechteck" (links auf links falten) zwischen die beiden „Himmelrechtecke" legen und zusammennähen.

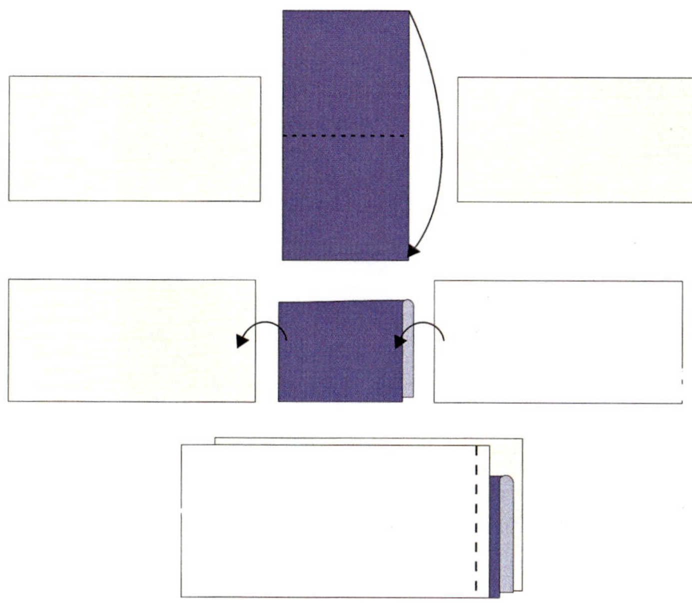

d) Nach dem Auffalten die Basis der Gans auseinander ziehen und bügeln.

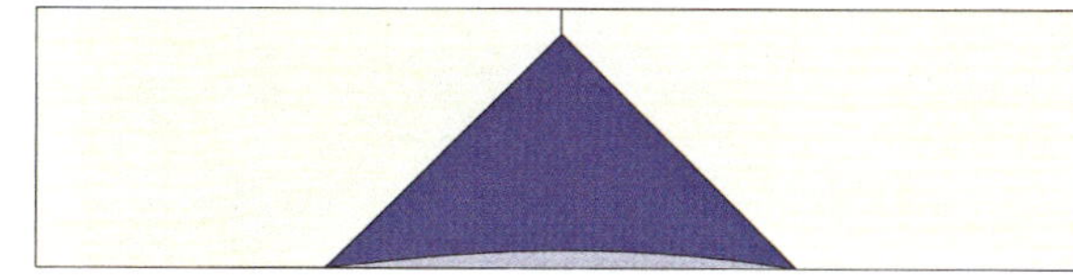

e) Aus diesen Elementen die Borte nähen; da die Maße die gleichen sind wie im Hauptteil des Quiltoberteils, gibt es keine Probleme beim Ansetzen.

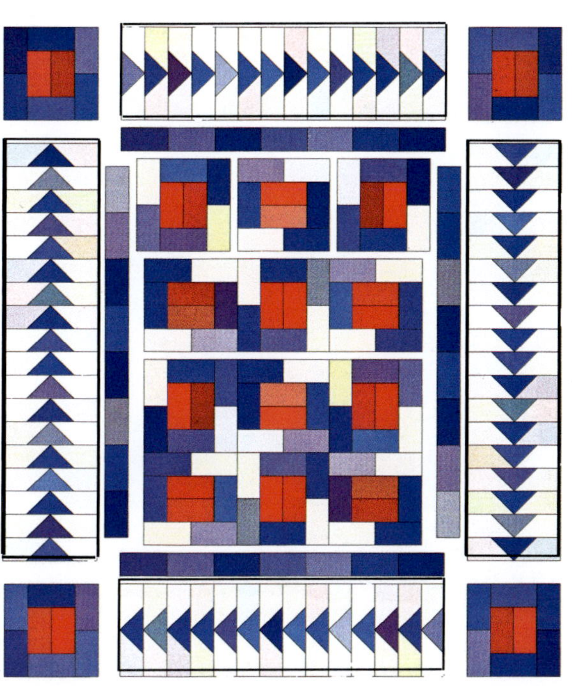

4.02 Ziegelsteine

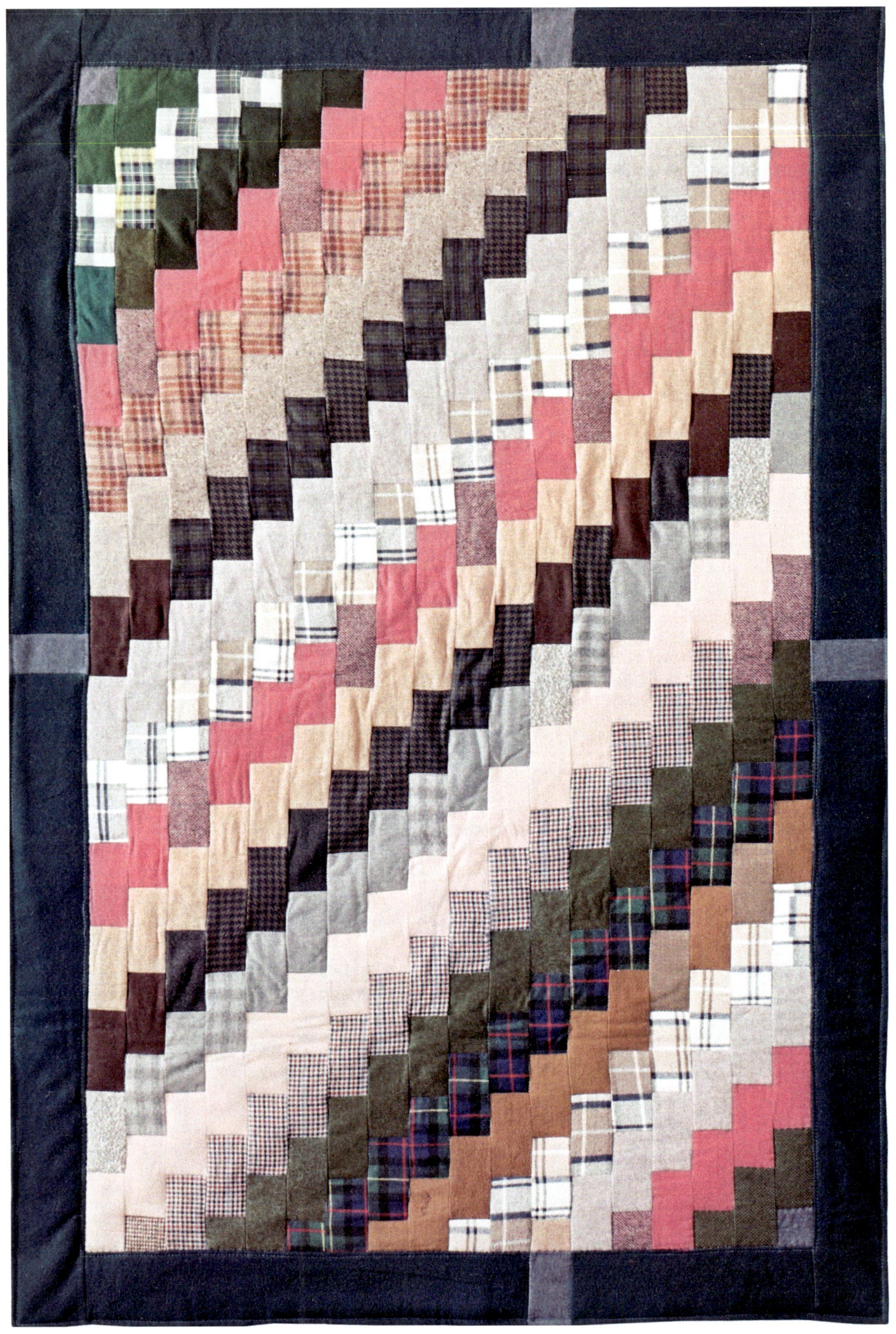

1999, 202 x 138 cm

„Ziegelsteine" bietet sich an für dickere Stoffe. Da die Rechtecke gegeneinander verschoben sind, fallen die „Nahtkreuzungen" weg.

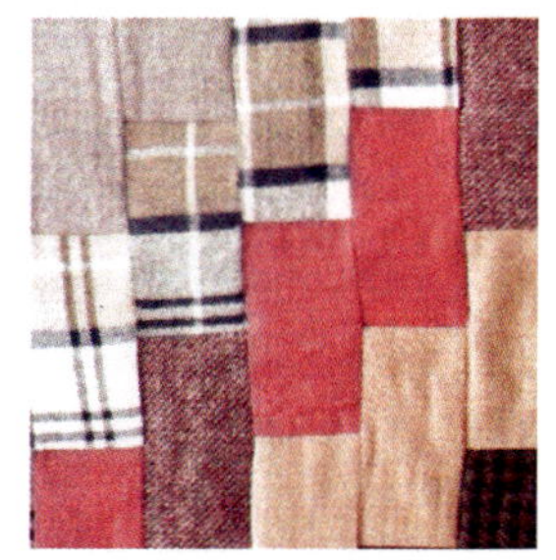

FM: variabel

Zuschnitt:

Rechtecke (Doppelquadrate)
Die lange Seite des Rechtecks ist doppelt so lang (**2 X**) wie die kurze (**X**).
Dann müssen Sie zu beiden Maßen noch 1,5 cm Nahtzugabe (**NZ 1**) addieren.

Nähanleitung:

a) Die Rechtecke nach Farbgruppen sortieren, Reihen bilden und zusammen nähen.

b) Die Bänder jeweils um einen halben „Ziegel" versetzt aneinander nähen. Die Ränder nachschneiden oder mit Reststücken ergänzen.

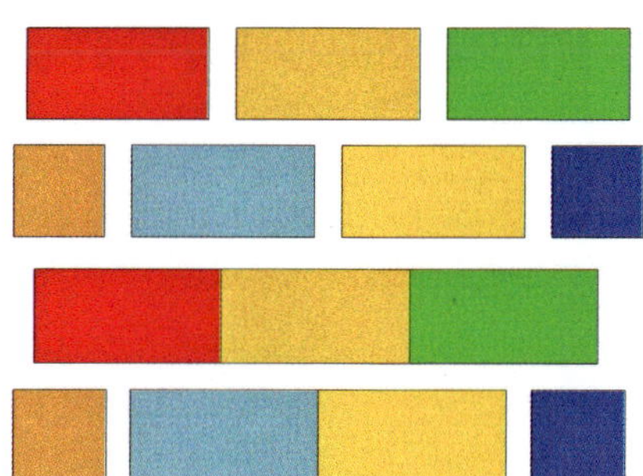

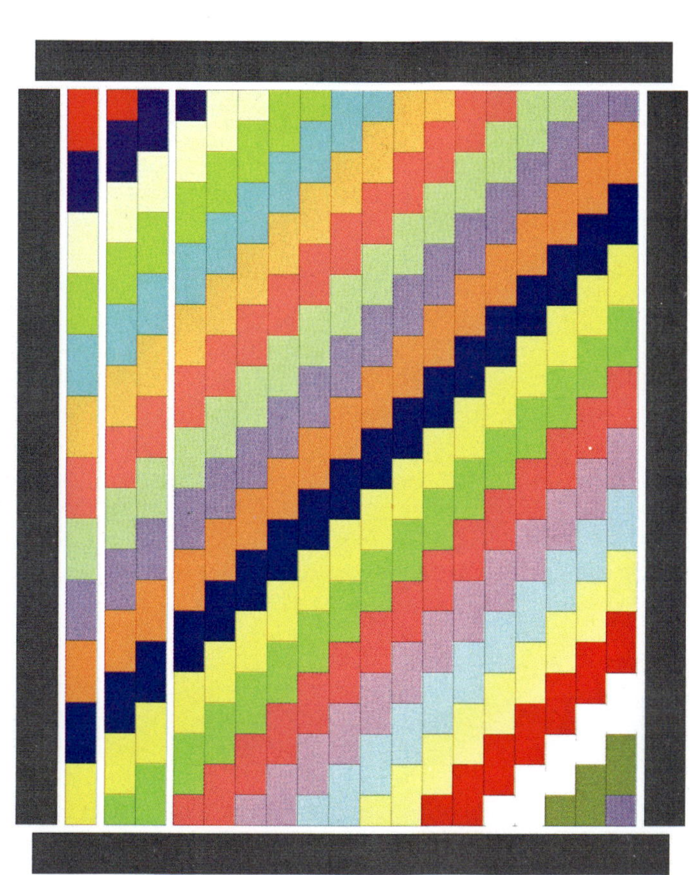

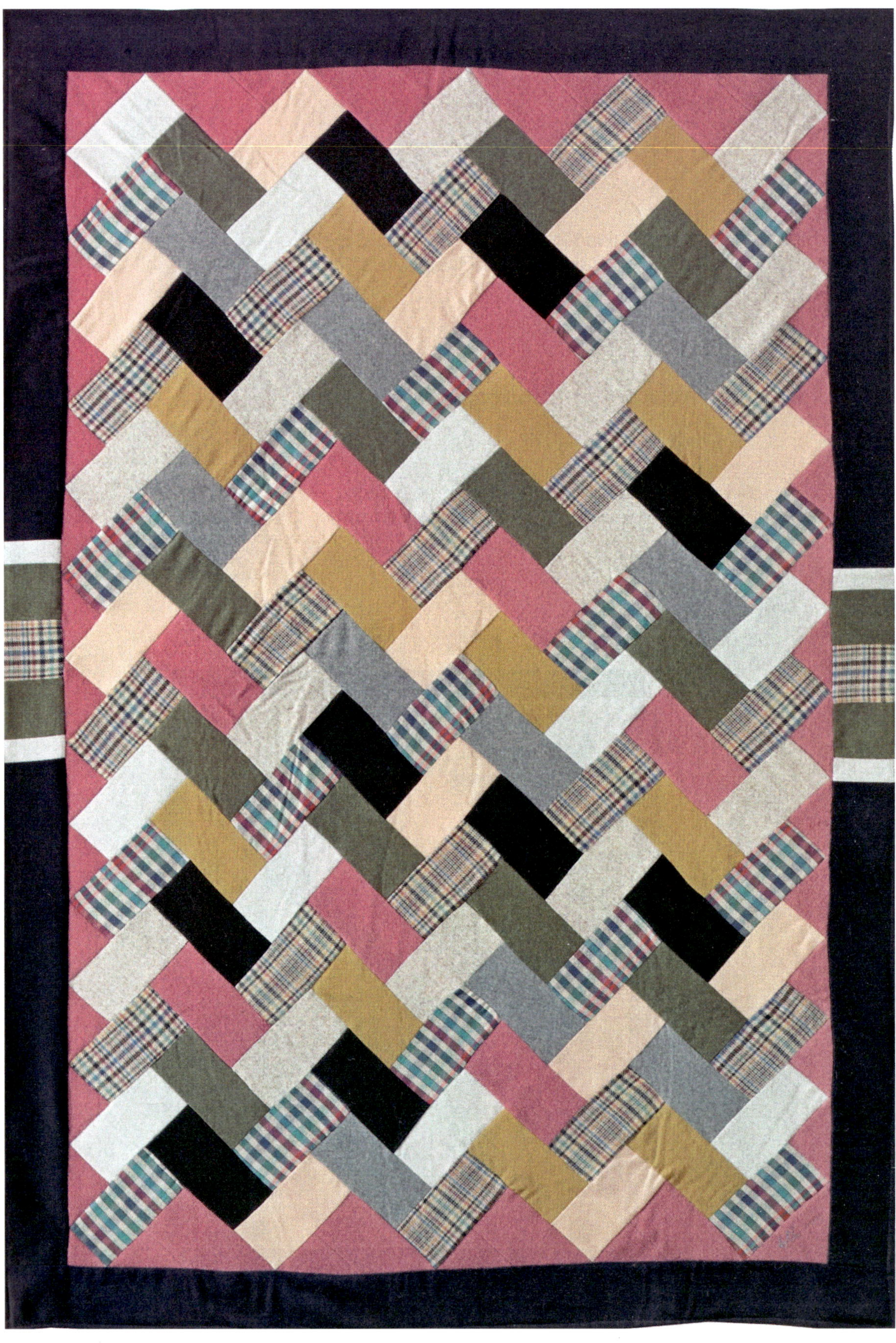

2000, 196 x 134 cm

Dieses klassische Fiächenmuster fordert Sie nähtechnisch.
Sie können es nicht in Blocks nähen, sondern müssen mit „halben Nähten“ arbeiten.

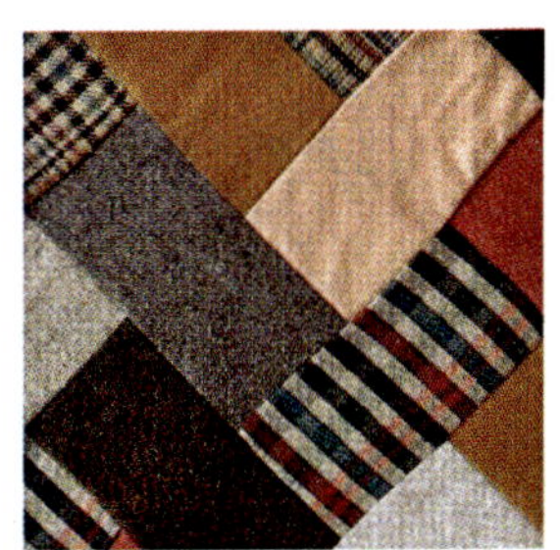

FM: variabel

Zuschnitt:

Rechtecke (Doppelquadrate)
Die lange Seite des Rechtecks ist doppelt so lang (**2 X**) wie die kurze (**X**).
Dann müssen Sie zu beiden Maßen noch 1,5 cm Nahtzugabe (**NZ 1**) addieren.

Nähanleitung: (halbe Nähte)

Da diese Rechtecke senkrecht und waagerecht eingebaut sind, ergeben sich nähtechnische Probleme, die mit „halben Nähten“ gelöst werden müssen.

„Halbe Nähte“ bedeutet, dass Sie eine Naht nicht bis zum Ende des Teiles führen, sondern nur ungefähr bis zur Hälfte, damit Sie das nächste Teil quer dazu annähen können. Danach können Sie dann die offen gebliebene „Restnaht“ schließen,

Folgen Sie dazu einfach den Abbildungen:

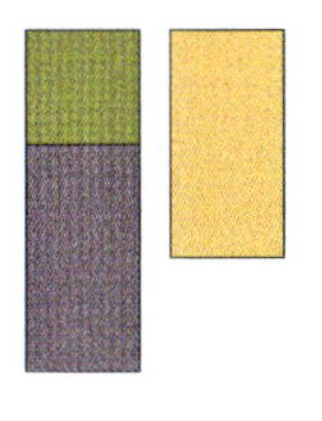

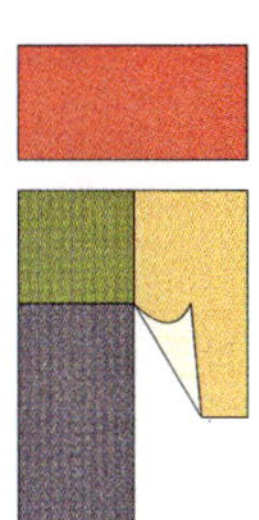

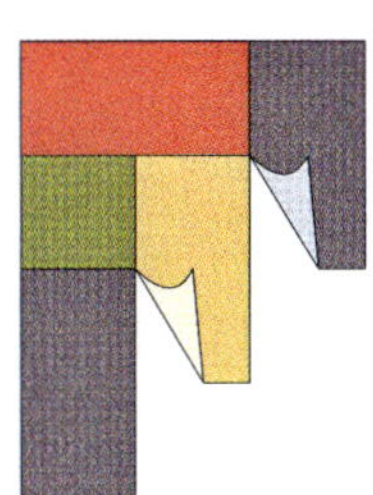

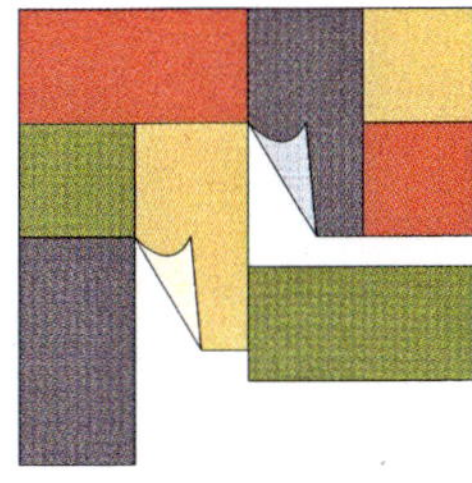

4.04 Endless Star

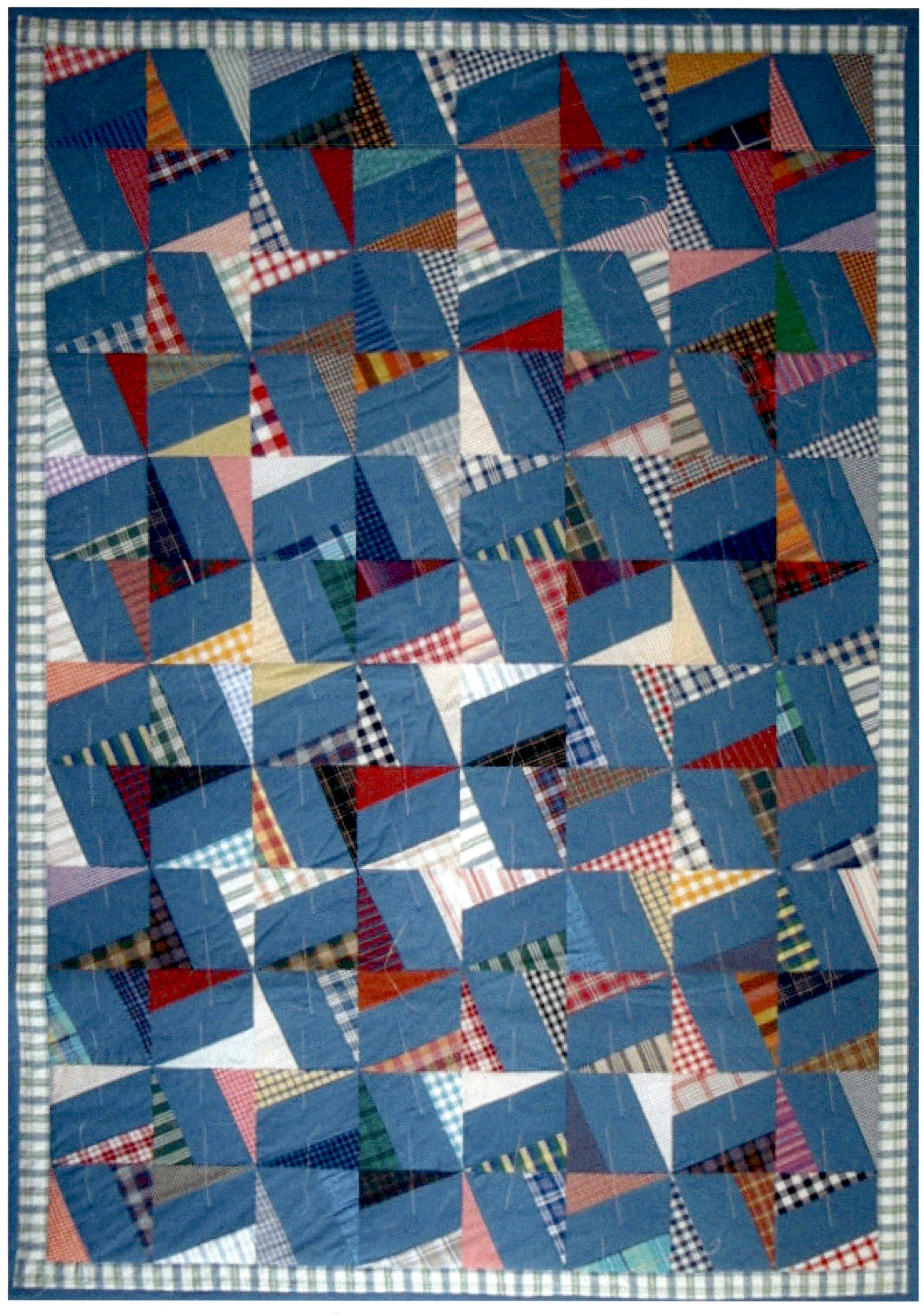

2005, 204 x 141 cm

Ich habe helle und dunkle Karo-Reste verwendet.
Bei meiner Anordnung wechseln sich Reihen heller und dunkler Sterne versetzt zueinander ab. Ein Block besteht aus 4 gleichen Elementen.
Je nach Restestücken können Sie diese Elemente auf zwei unterschiedliche Weisen herstellen.

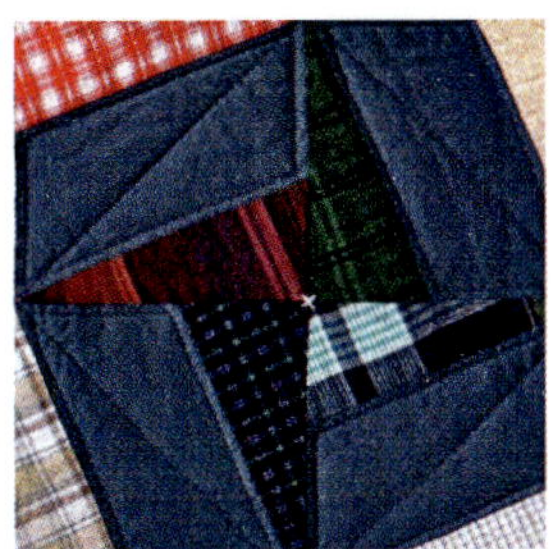

FM: 32 x 32 cm

Zuschnitt:

Hier habe ich keine neutrale Formel zur Berechnung des Zuschnitts, da sie winkelabhängig ist.

Version 1:

1. 1 Rechteck Hintergrundstoff **10 x 23 cm**
2. 2 Rechtecke Sternenstoff (evtl. hell + dunkel) **8 x 20 cm**

Version 2:

1. 1 Rechteck Hintergrundstoff **10 x 23 cm**
2. 1 Rechteck Sternenstoff **13 x 23 cm**
   Dieses Rechteck einmal diagonal teilen.

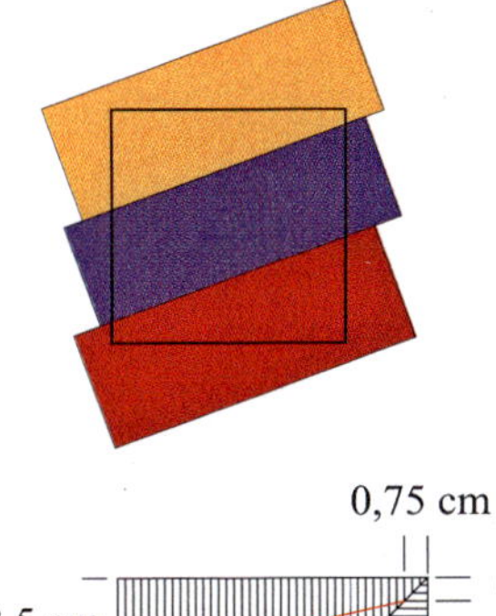

Nähanleitung: (Version 1)

a) Wie in der Abbildung die beiden Sternenrechtecke leicht versetzt an das Hintergrundrechteck nähen.

b) Das Element muss nachgeschnitten werden. Dazu eine Markierung auf dem (20 cm) Quadratlineal (siehe Abbildung) anbringen.
Das Lineal mit der Markierung auf die obere Naht legen und oben und rechts nach schneiden. Das Element um 180° drehen und die beiden anderen Kanten abschneiden. Dabei auf das Endmaß
1/2 X + NZ 1
➔ 1/2 x 32 + 1,5 ➔ 16 + 1,5 ➔ **17,5 cm**
achten.

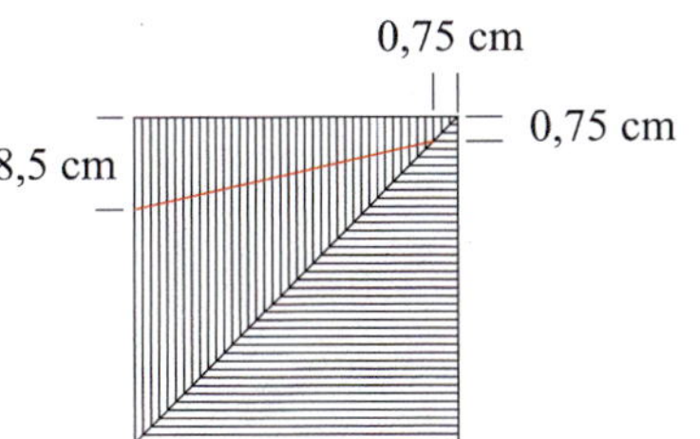

Nähanleitung: (Version 2)

a) Die beiden Sternendreiecke an das Hintergrundrechteck, wie in der Abbildung gezeigt, nähen.
Achtung: Sollen unterschiedliche Sterne entstehen, müssen die Dreiecke aus verschiedenen Rechtecken geschnitten sein.

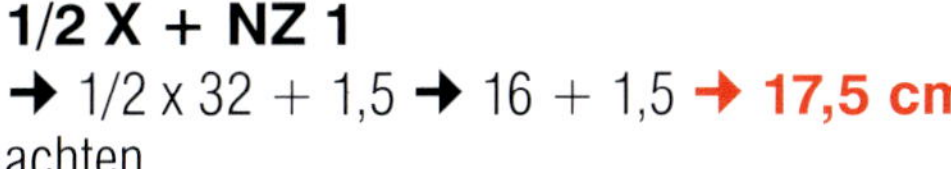

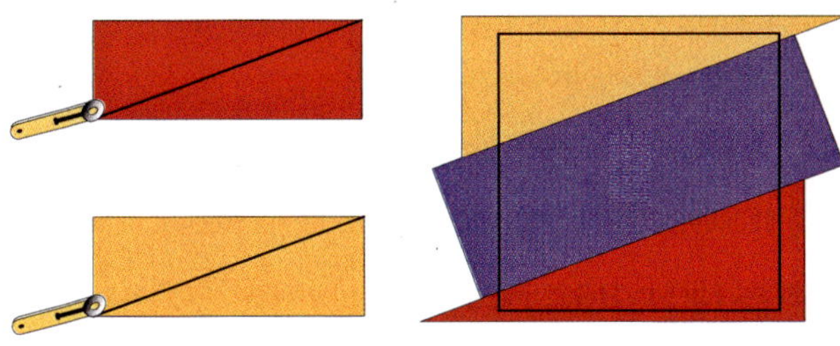

b) Auch bei dieser Version das Element mit einem markierten Lineal nachschneiden (s. o.).

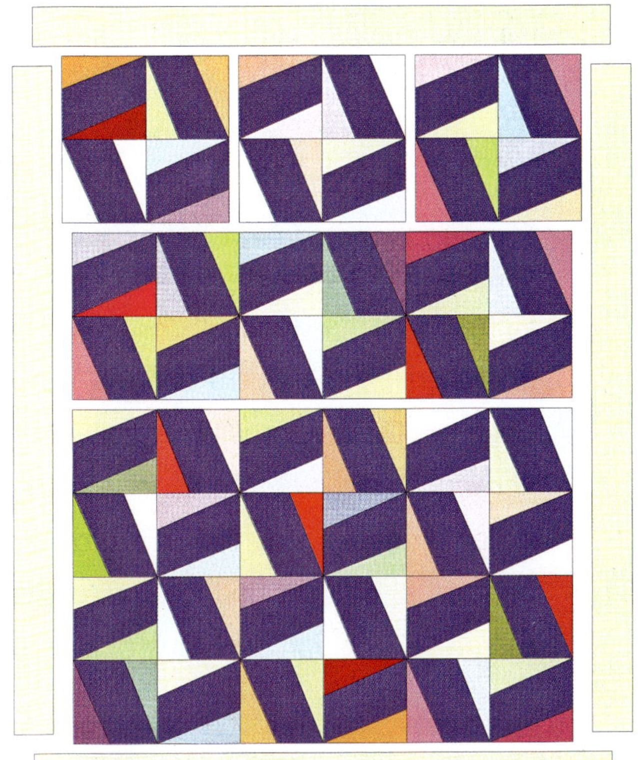

Immer, wenn ich sehr unterschiedliche Restegrößen in meiner „Schatzkiste" habe, nähe ich einen Schablonenquilt. Dabei vernachlässige ich den Fadenlauf: Stoffe, die zum Verziehen neigen, stabilisiere ich mit Sprühstärke. So kann ich einfach die Schablone auflegen und drumherum schneiden.

Wenn die Teile dann zwischen ihren „Nachbarn" eingenäht sind, spielt der Fadenlauf keine Rolle mehr.

Allerdings hat meine Methode den Nachteil, dass ich nicht ganz exakt arbeiten kann - ein bisschen verzieht sich der Stoff schon noch. Aber da ich wirklich jeden Schnipsel verwenden kann, entsteht eine Vielfalt in der Stoffauswahl, die mich mit der Ungenauigkeit aussöhnt.

Welches Muster ich auswähle, hängt von dem Angebot der Restekiste ab. Es gibt Schablonen auf dem Markt, die aufeinander abgestimmt sind, somit das Berechnen ersparen und bereits die Nahtzugabe enthalten (manchmal in Inch, manchmal metrisch). Folgen Sie einfach den beiliegenden Anleitungen.

Obwohl das Arbeiten mit Schablonen eine relativ festgelegte Sache ist, gibt es doch viele Möglichkeiten, über die Hell-Dunkel- bzw. über die Farbverteilung das Muster zu variieren. Planen Sie auf einem Rasterblatt vor, so können Sie leicht auszählen, wie viele Dreiecke A und Quadrate B Sie brauchen und eine Stückliste erstellen. Ich beschrifte mir dazu meine Schablonen und arbeite dann die Liste ab.

Wenn Ihnen das zu aufwändig ist, schneiden Sie einfach zu, nähen dann fertige Blocks und zählen aus, was Ihnen noch fehlt. (Schneiden Sie am Anfang bitte nicht zu eifrig zu, sonst bleiben Ihnen wieder Teile übrig.)

Es macht nichts, wenn ein „Rest-Typ" verbraucht ist; ersetzen Sie ihn durch einen ähnlichen. Da die Blocks dann wieder gemischt werden, spielt das keine Rolle. Beim Hell-Dunkel-Sortieren ergibt sich manchmal die Frage: Hell oder Dunkel? Ich verwende solche Stoffe dann „sowohl als auch" - ein „mittlerer" Stoff wirkt in heller Umgebung dunkel und umgekehrt. Diese nenne ich „Grenzgänger". Sie beleben jeden Quilt und lösen die harten Konturen eines Musters auf.

Lassen Sie sich von den nachfolgenden Beispielen anregen.

5.01 Flic Flac

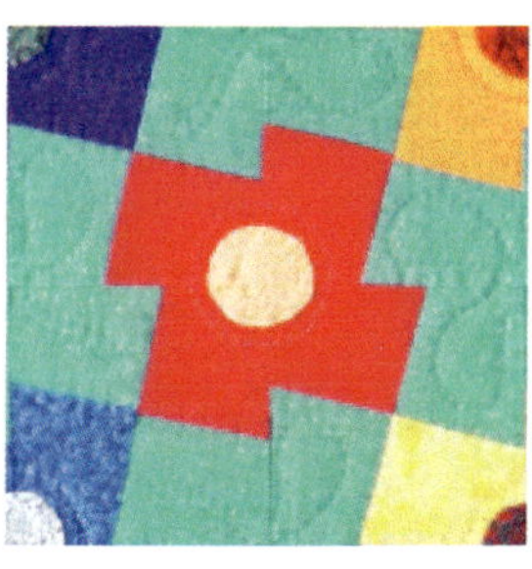

FM: nach Schablone

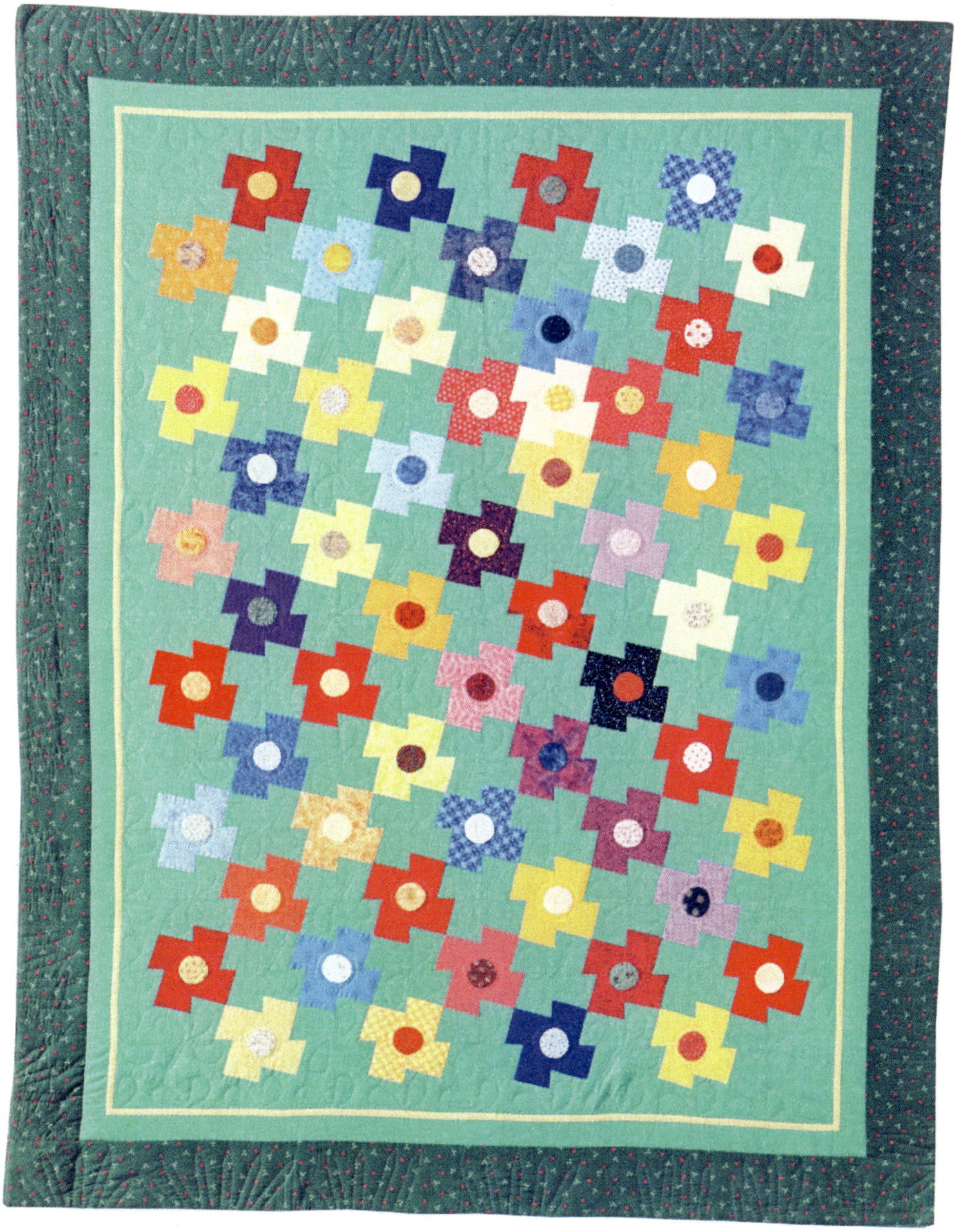

Schablonen gibt es in verschiedenen Größen und Winkeln - die Nähtechnik ist bei allen gleich.

Zuschnitt:
Nach Schablone

Nähanleitung:
Aus Quadraten ein Schachbrett nähen. Aus diesem Schachbrett mit der 2. Schablone (leicht gedreht) neue, kleinere Quadrate schneiden.

Achtung: Teile In ihrer Originalposition liegen lassen, nicht durcheinander bringen, sonst haben Sie vor dem Zusammennähen noch ein schwieriges Puzzle zu lösen.

2002, 198 x 153

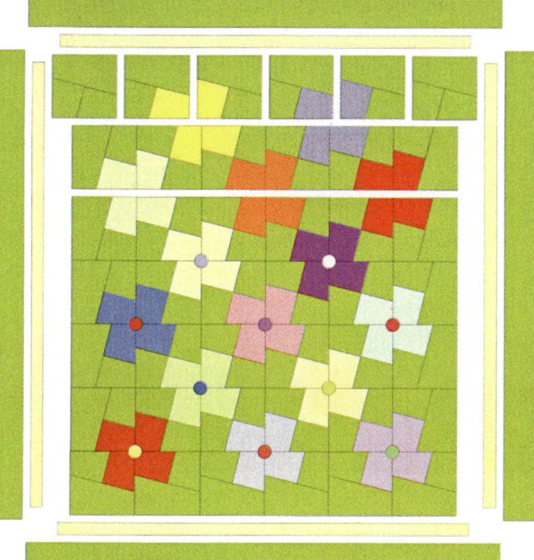

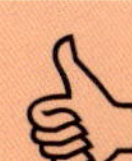

Mein Tipp:

Zur Farbverteilung ist Folgendes zu sagen: Ein Quadrat im Ausgangsschachbrett verändert seine Position nicht, es ändert nur die Form. Ich habe für meinen Quilt „Blumenwiese" die „Windräder" durch applizierte Jojos in Blüten verwandelt.

5.02 Kaleidoskop

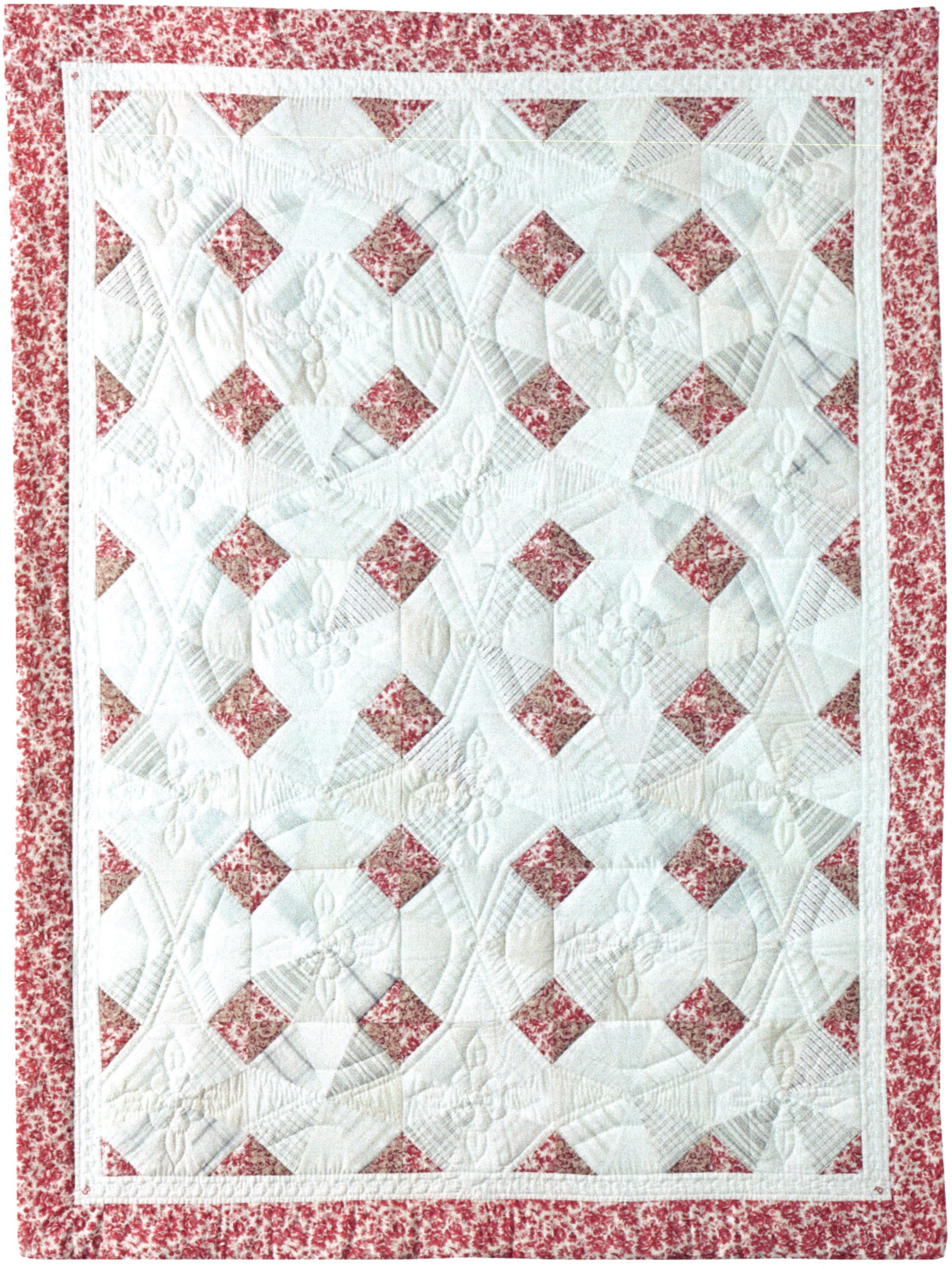

2000, 220 x 160 cm

Diesen Quilt habe ich meiner Mutter aus getragenen Hemden meines Vaters genäht. Da meine Mutter keine starke Musterung wollte, habe ich möglichst ähnliche, helle Hemden ausgewählt.
Trotzdem ist eine lebendige Fläche entstanden.

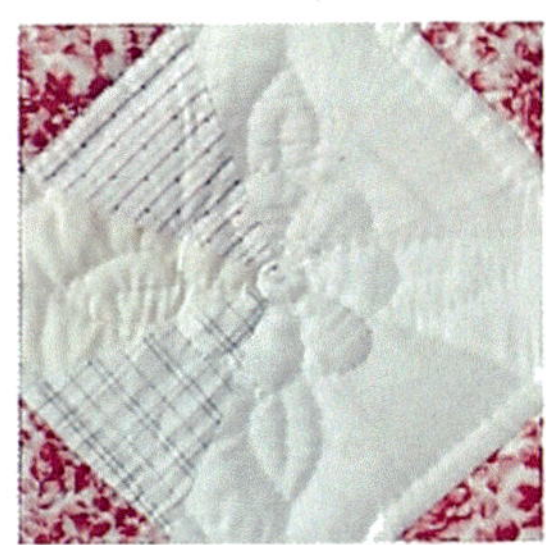

FM: nach Schablone

Zuschnitt:
Mit Schablonen

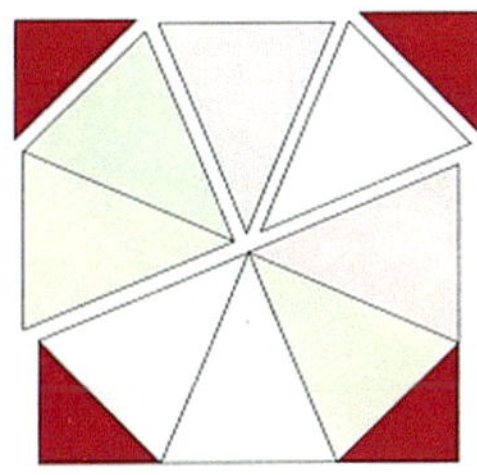

Nähanleitung:
Schrittweise viertel, halbe und ganze Blocks nähen - ohne die Eckdreiecke. Erst wenn Sie sicher sind, wie der Block liegen soll, fügen Sie die Ecken an.

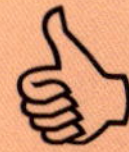

Mein Tipp:
Mit diesem Block lassen sich ganz interessante Flächenmuster gestalten, dazu müssen Sie aber auf einem Rasterblatt vorplanen und davon die Farbverteilung der Blocks übernehmen.

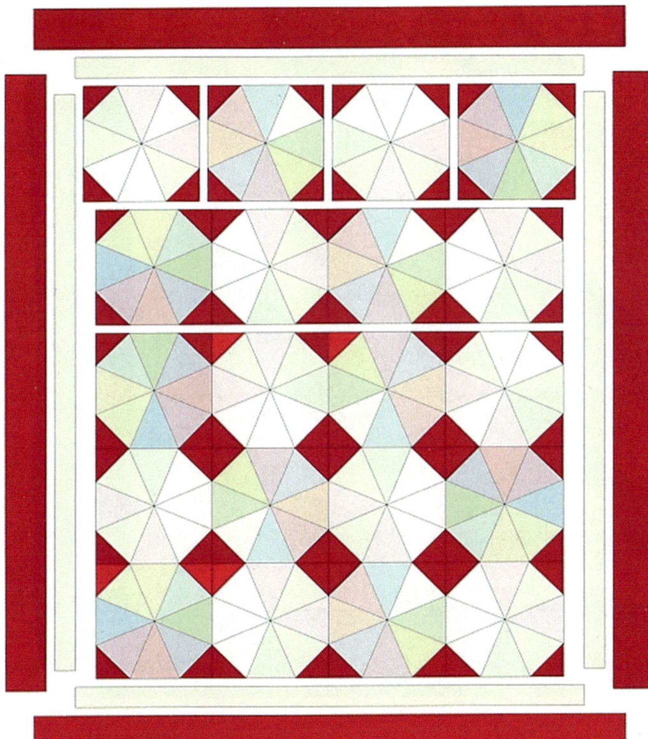

Herstellen der Schablonen:
Blockgröße bestimmen. Quadrat in Originalgröße aufzeichnen. Das Quadrat zweimal in die Hälfte falten, um den Mittelpunkt zu bestimmen. Mit einem Zirkel in den Mittelpunkt stechen und acht gleiche Segmente markieren. Die Ecken einzeichnen. Eines der Segmente ausschneiden, auf Pappe oder Schablonenplastik kleben und NZ markieren.

Mit dem Eckdreieck genauso verfahren. Schablonen mit NZ ausschneiden.

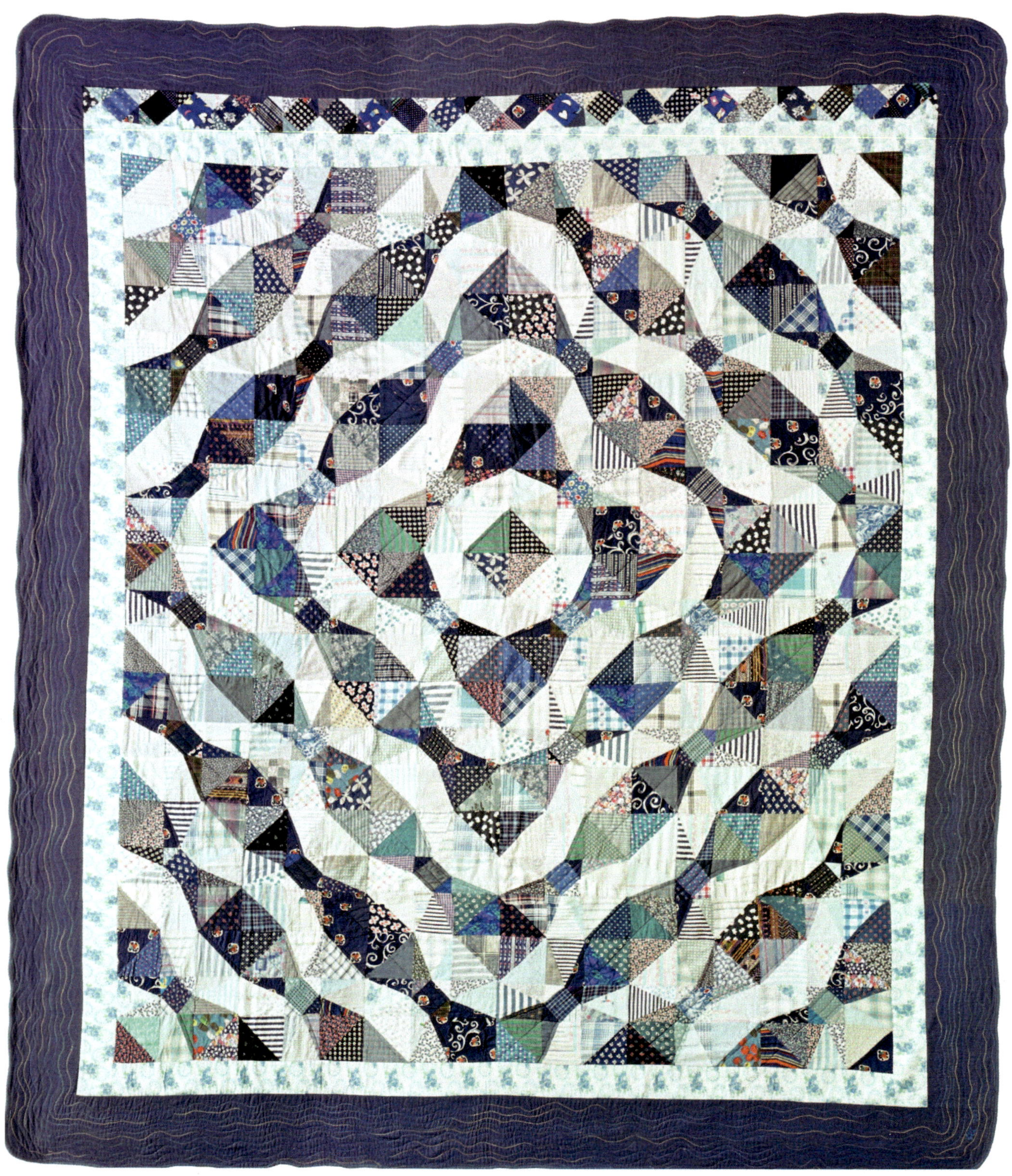

2001, 244 x 212 cm

Der Quilt ist im Oktober 2015 in Kaufbeuren gestohlen worden!
Über Informationen zu seinem Verbleib wäre ich dankbar.

Mit diesem Quilt habe ich es tatsächlich geschafft, meine Restekiste kurzzeitig fast zu leeren. Da Sie bei diesem Muster unterschiedlich große Schablonen einsetzen, verbrauchen Sie auch Teile unterschiedlichster Größe. Die Stoffe werden nur nach Hell-Dunkel sortiert, alle Blocks sind gleich. Die unterschiedlichen Winkel der Teilungsnähte bewirken die Bewegung in der Fläche. Darüber brauchen Sie aber nicht nachzudenken, diese entsteht durch die Hell-Dunkel-Verteilung im Block.

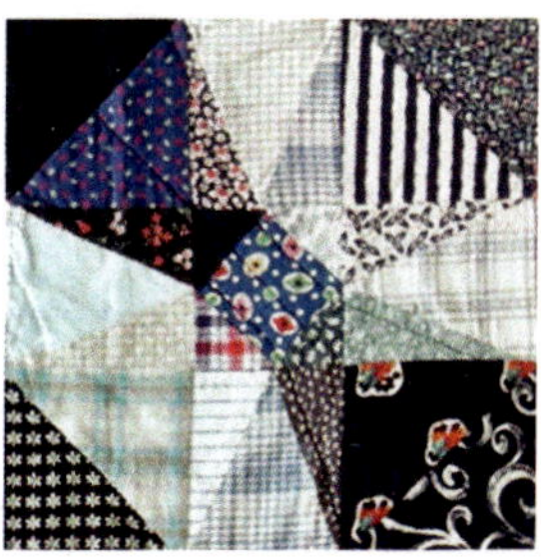

FM: nach Schablone

Zuschnitt:

Nach Schablone

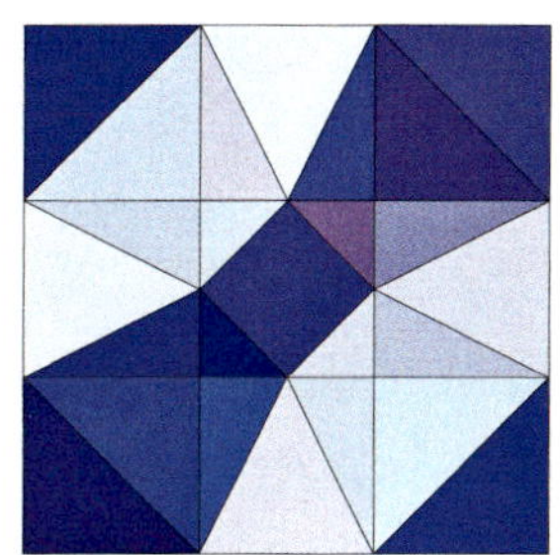

Nähanleitung:

Der Block ist ein Neunerblock auf der Grundlage von „54:40 oder Kampf" (nur die Mitte ist noch einmal geteilt).

Nähen Sie alle Elemente getrennt und mischen diese dann gut, damit die Stoffvielfalt zur Wirkung kommt.

Herstellen der Schablonen:

Für diesen Block werden sechs bzw. fünf verschiedene Schablonen gebraucht. Bestimmen Sie zuerst die Größe Ihres fertigen Blocks. Dann gehen Sie wie folgt vor:

Block in Originalgröße auf ein Blatt Papier zeichnen. Ein Eckdreieck, die drei Teile des Zackenelements, das Mittelquadrat und ein Dreieck um das Mittelquadrat ausschneiden und auf Pappe kleben oder die Umrisse auf Plastikschablonenmaterial übertragen. NZ rund um alle Elemente zeichnen. Schablonen mit NZ ausschneiden. Vorsicht bei den Zackenelementen. Es reicht, wenn eine Schablone für die Zacken hergestellt wird, wenn die rechte und linke Seite deutlich als solche markiert wird. Beim Zuschneiden kann die Schablone dann umgedreht werden.

Es gibt auch fertige Schablonen.

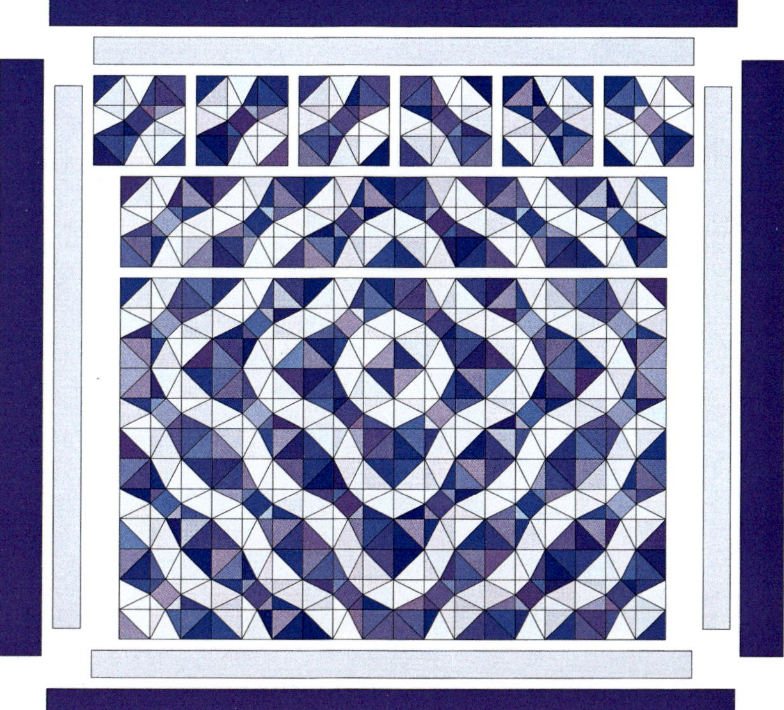

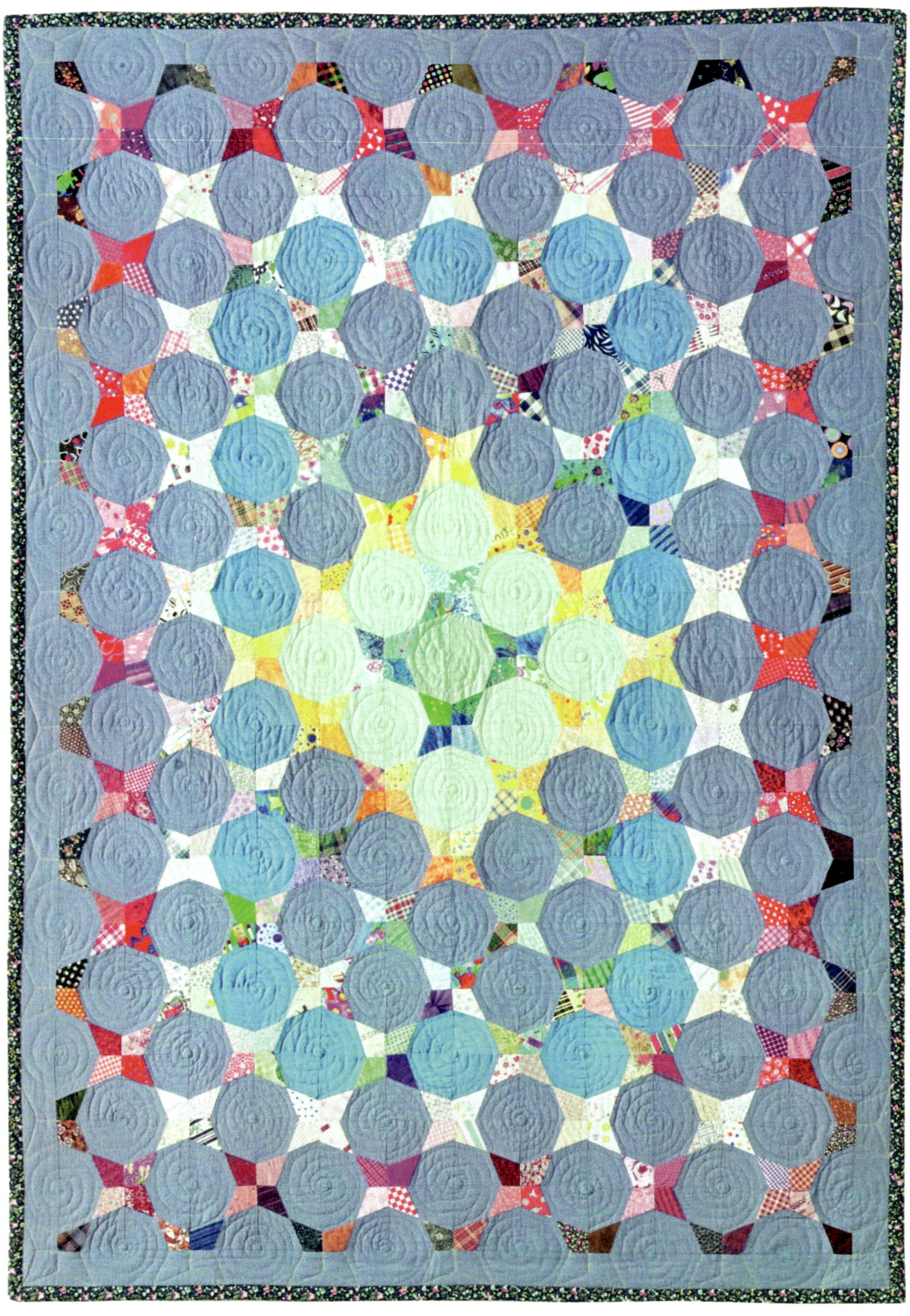

2005, 200 x 136 cm

Zu diesem Quilt hat mich eine Postkarte mit einem antiken „Black Hummingbird“ angeregt. Dieses Muster ist prädestiniert für Handnäher Mich reizte es, eine „Maschinenversion“auszuknobeln.
Der Trick dabei ist die Aufteilung der Fläche zwischen den „Kolibris“.
Für meinen Quilt habe ich für die Kolibris Stoffproben, die ich von einer Kursteilnehmerin geschenkt bekam, verwendet; jeder Stoff taucht nur einmal auf. Deshalb musste ich für diesen Quilt auf einem Rasterblatt vorplanen.

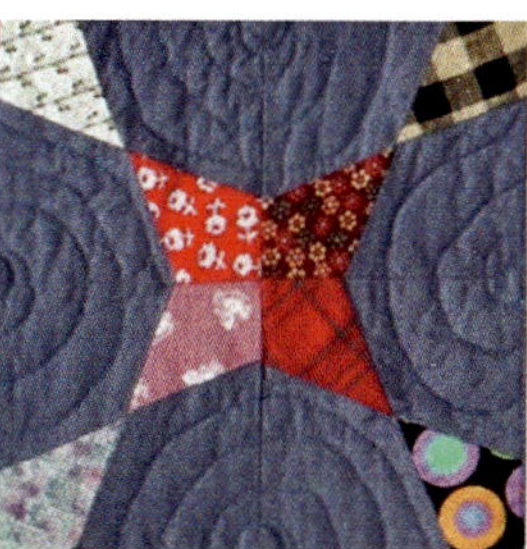

FM: 20 x 20 cm

Zuschnitt:

1. 4 Rechtecke **13,5 x 11,5 cm**
2. 8 Teilchen **~ 6 x 9 cm**

Nähanleitung:

Mein Tipp:
Um sich das Schneiden zu vereinfachen, können Sie auch die Kanten der Schablonen mit Tesafilm auf eines Ihrer Lineale übertragen. Es entstehen lauter gleiche Trapeze.

a) Die Rechtecke aus **Zuschnitt 1** mittels Schablone A teilen.
b) Auf den Trapezen mit Schablone B Drachen markieren.
c) Eines der acht Teile aus **Zuschnitt 2** rechts auf rechts auf das Trapez legen, annähen und aufklappen.
d) Mit Schablone A nach schneiden.
e) Zwei dieser Elemente zu einem Viertelblock zusammen setzen.
f) Die Drachenvierecke einander gegenüber legen und zusammennähen. So entsteht ein „Kolibri“ in der Mitte.

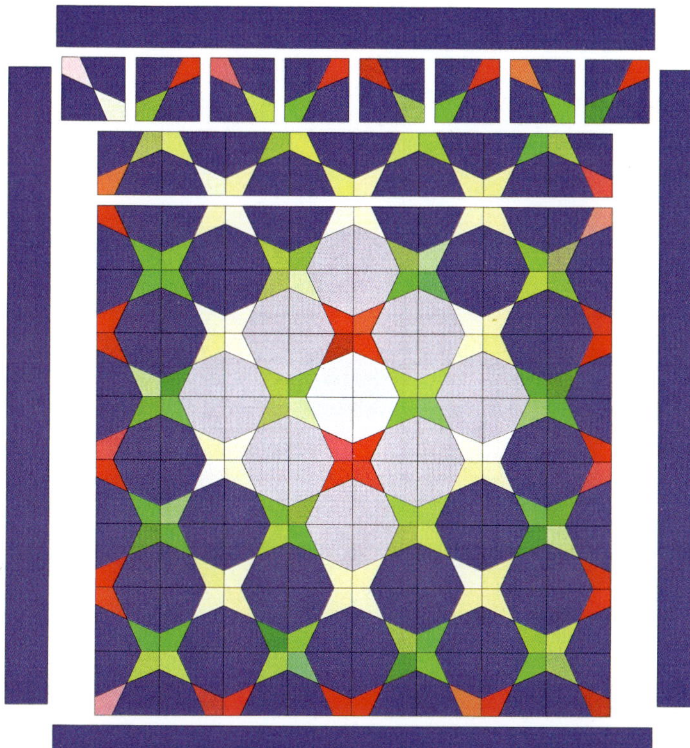

b)

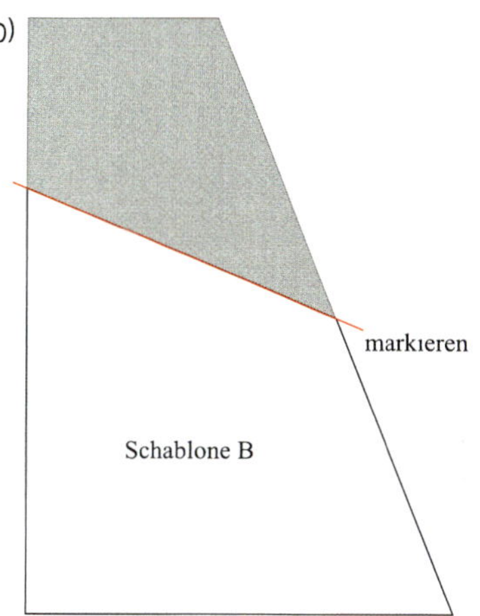

c)

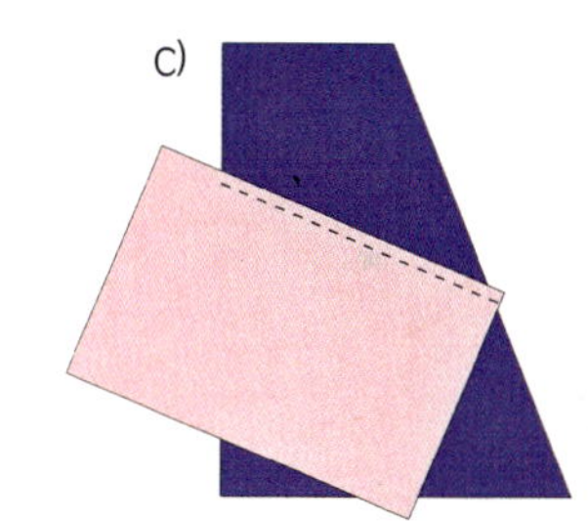

e)

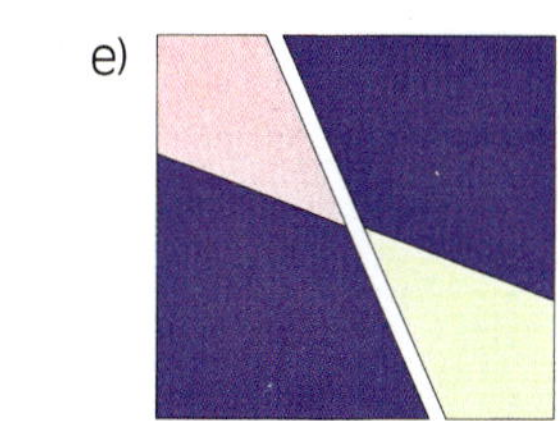

f)

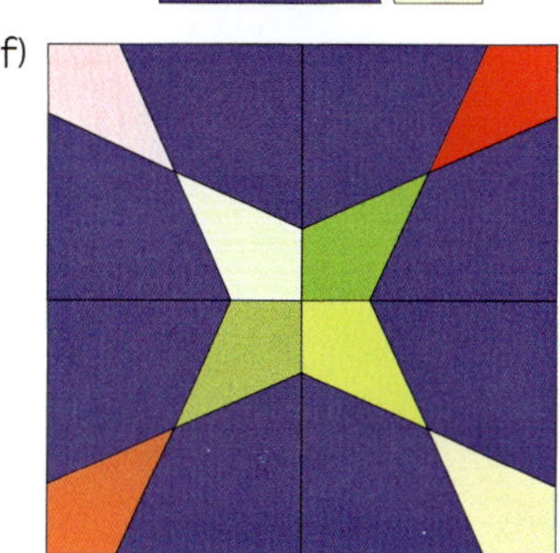

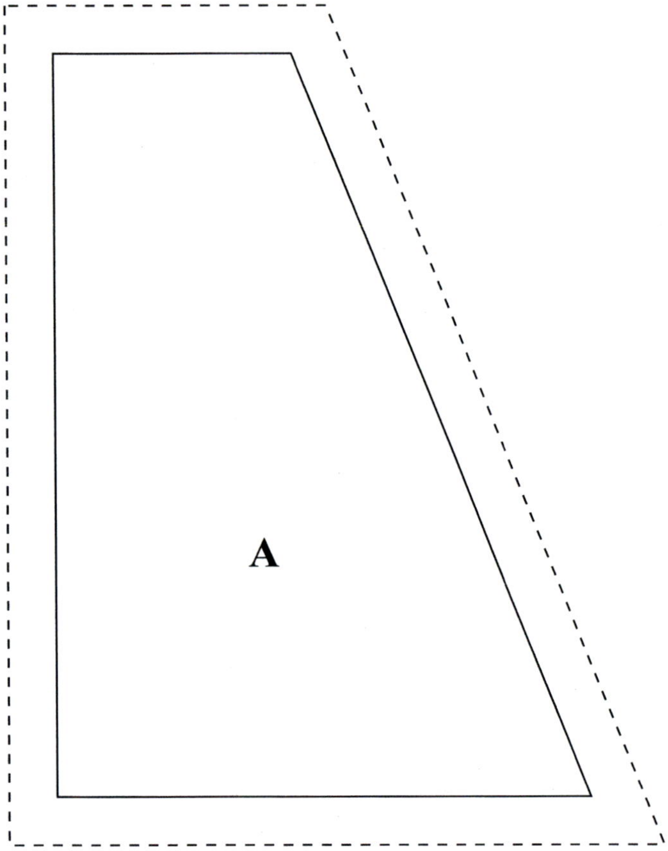

A

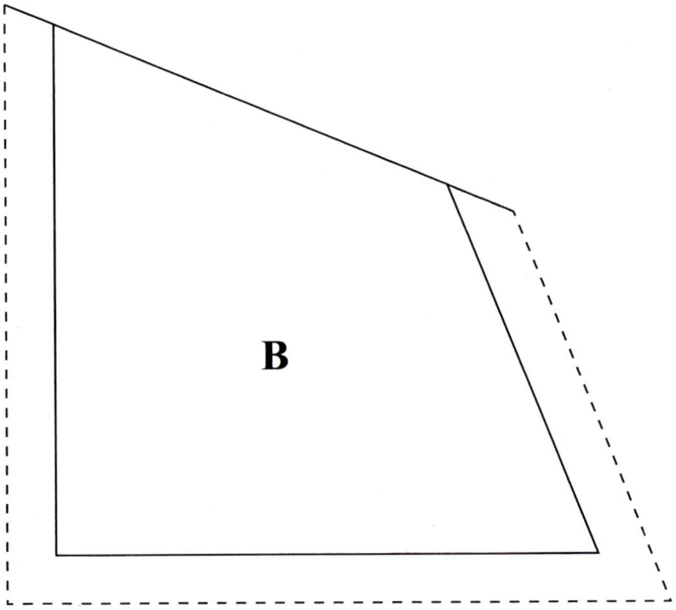

B

Schablonen zum Kolibri

7. Raster

1.02 Mosaik

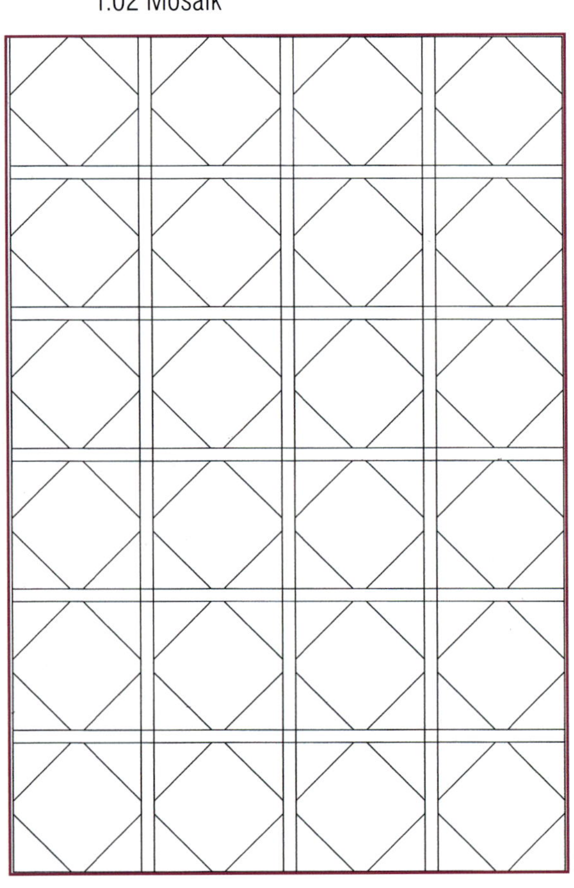

1.03 Ohio Star

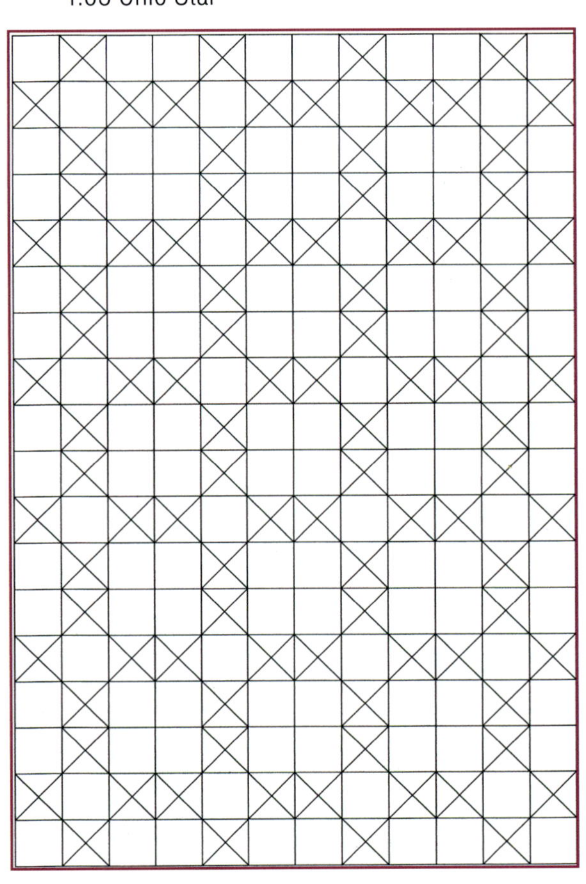

1.04 Achtzackiger Stern

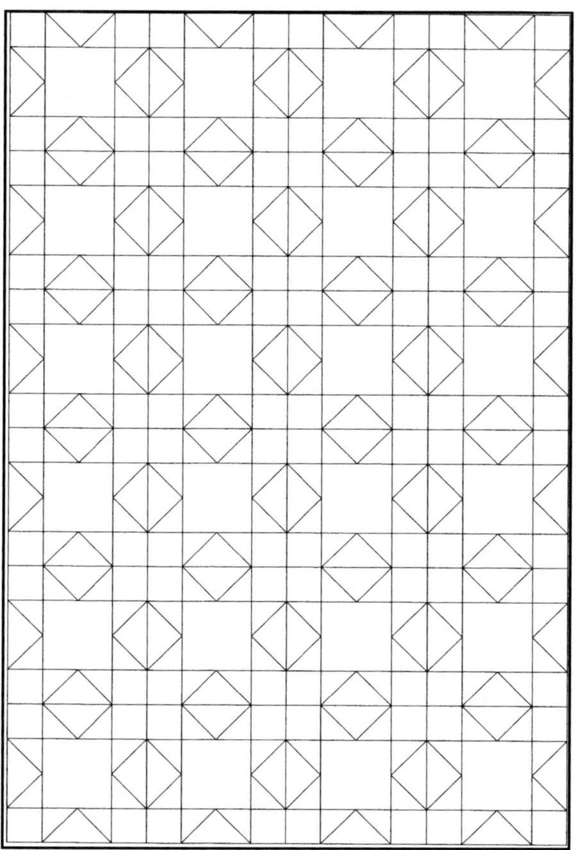

1.05 Sägeblatt

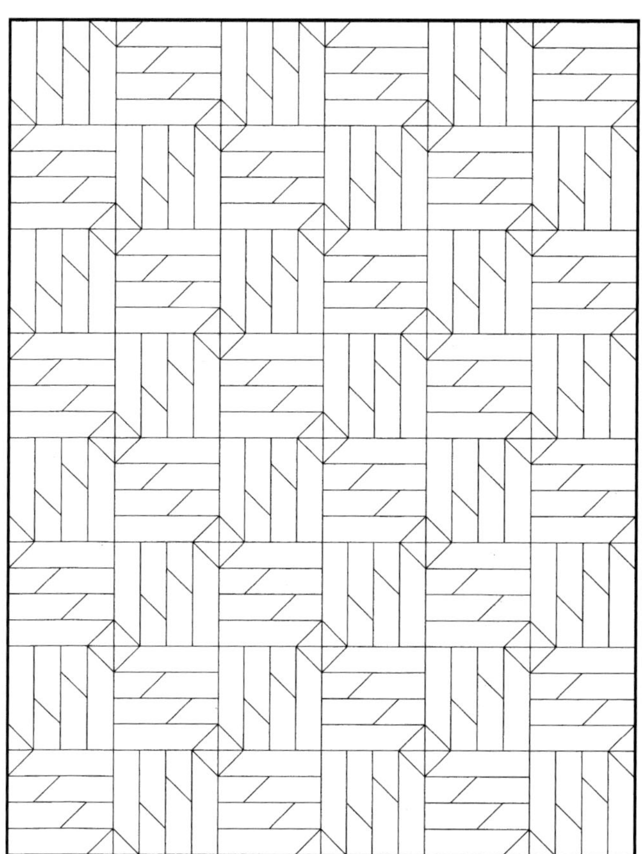

1.06 Mitternachtsstern

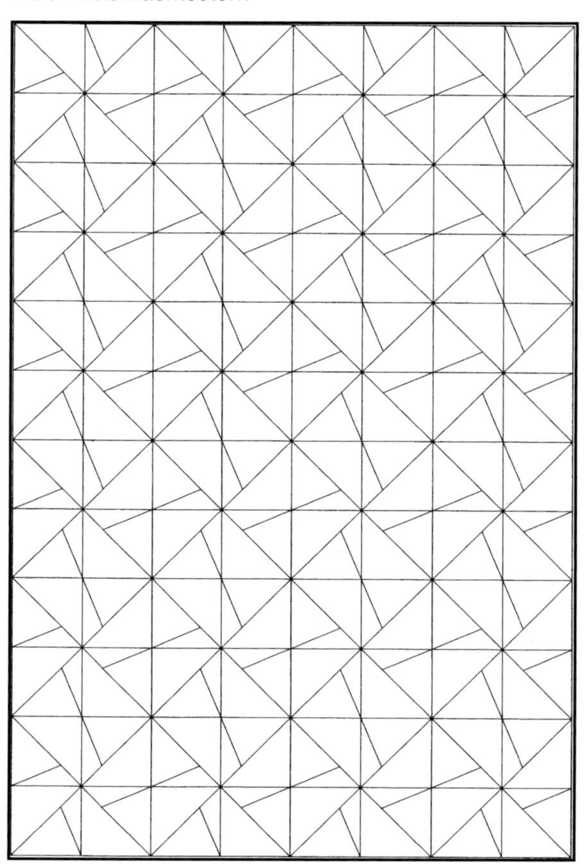

1.07 Fliegende Gänse

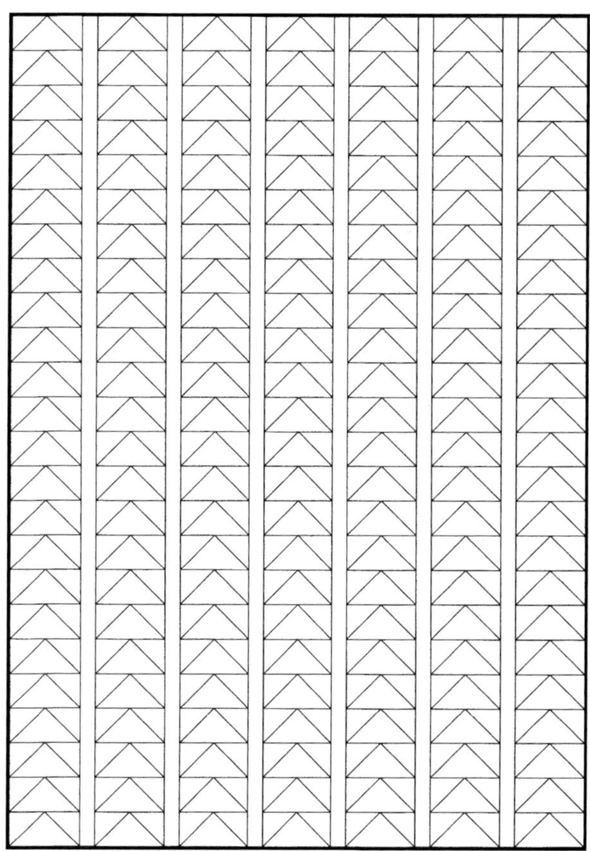

2.05 Off-Center

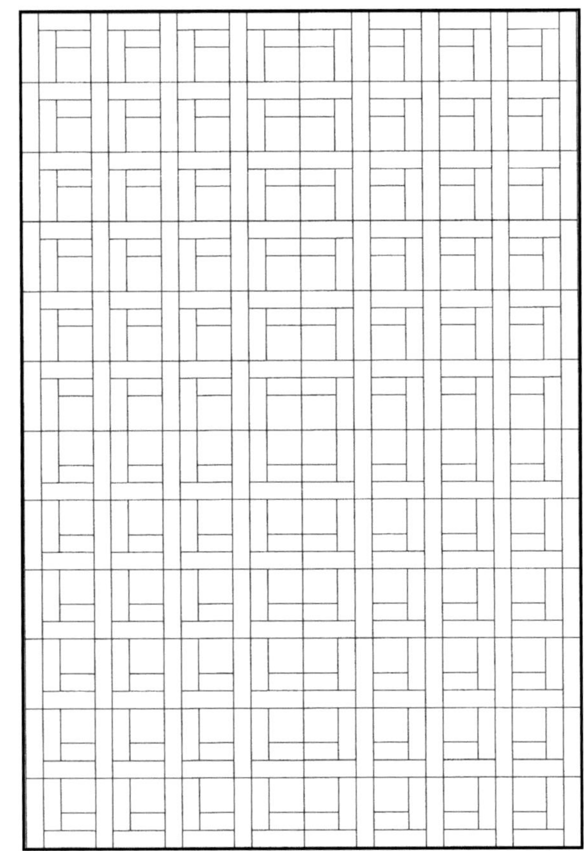

2.06 Ananas

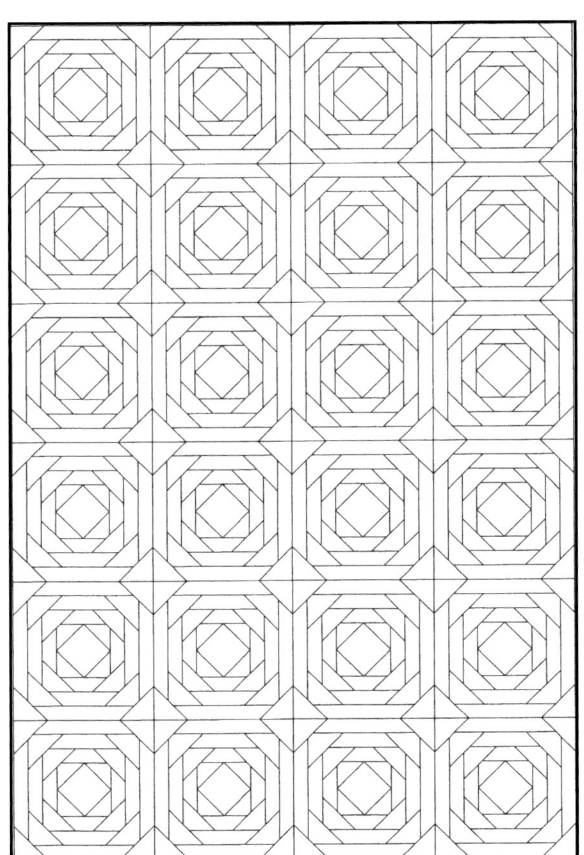

2.07-1 Stern à la Escher

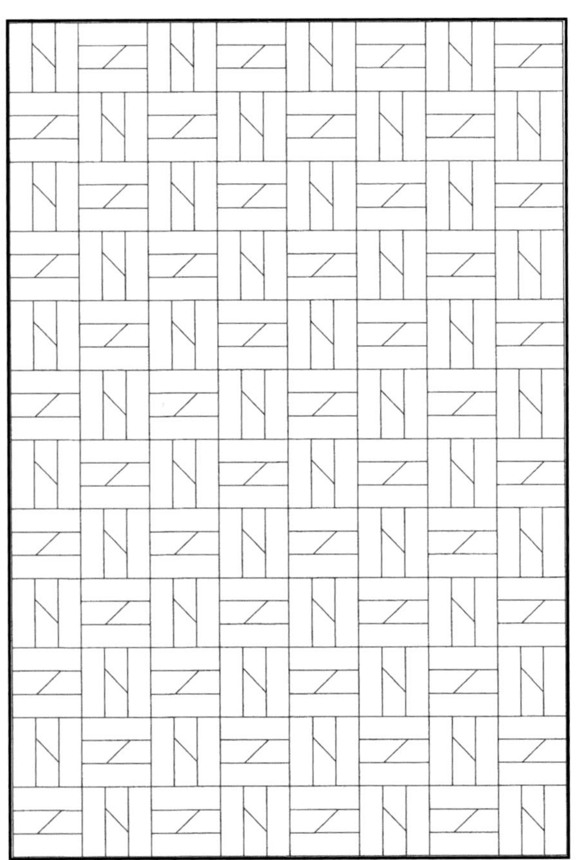

2.07-2 Theodora

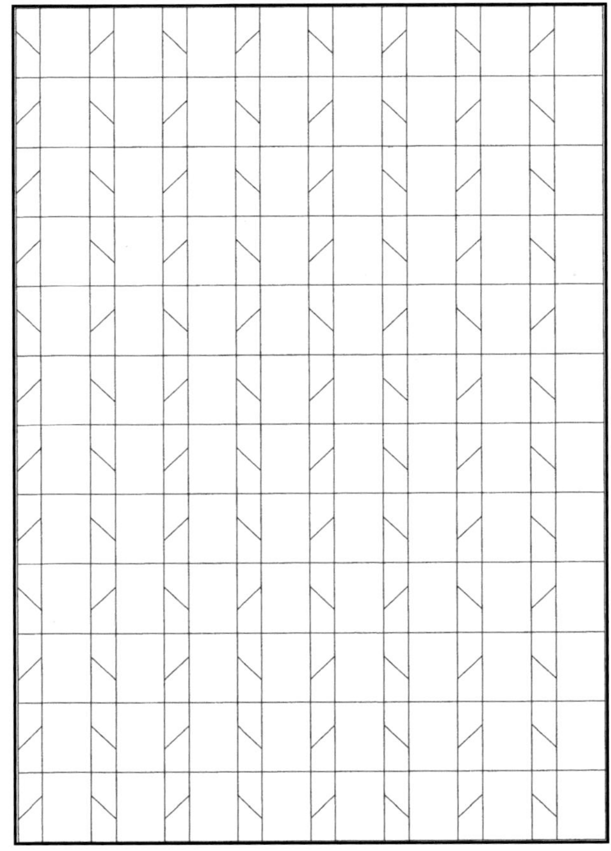

2.08 Verborgene Quellen

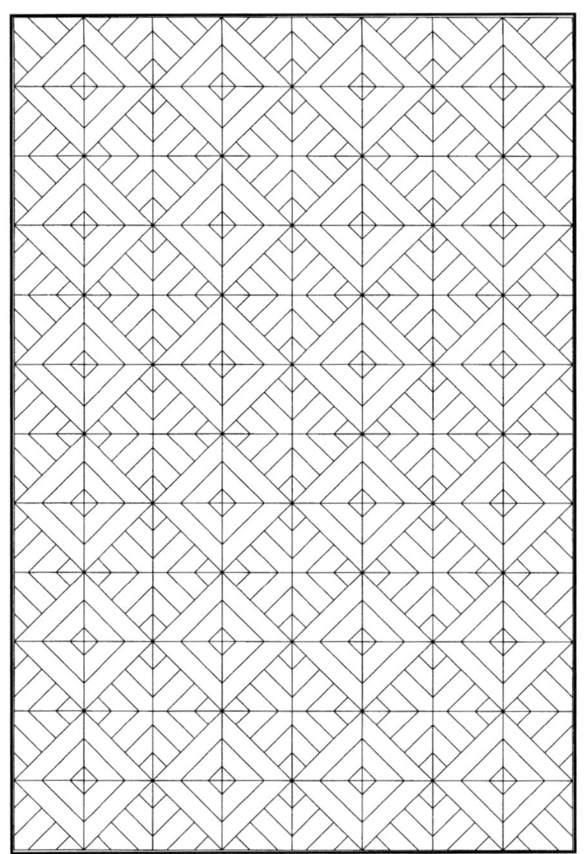

2.09 Elis Favorit

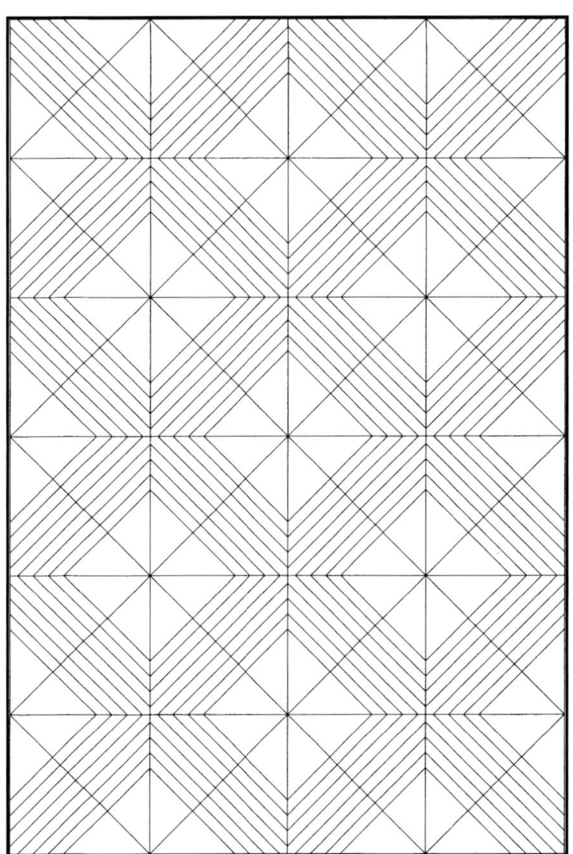

2.10 Kansas Twister

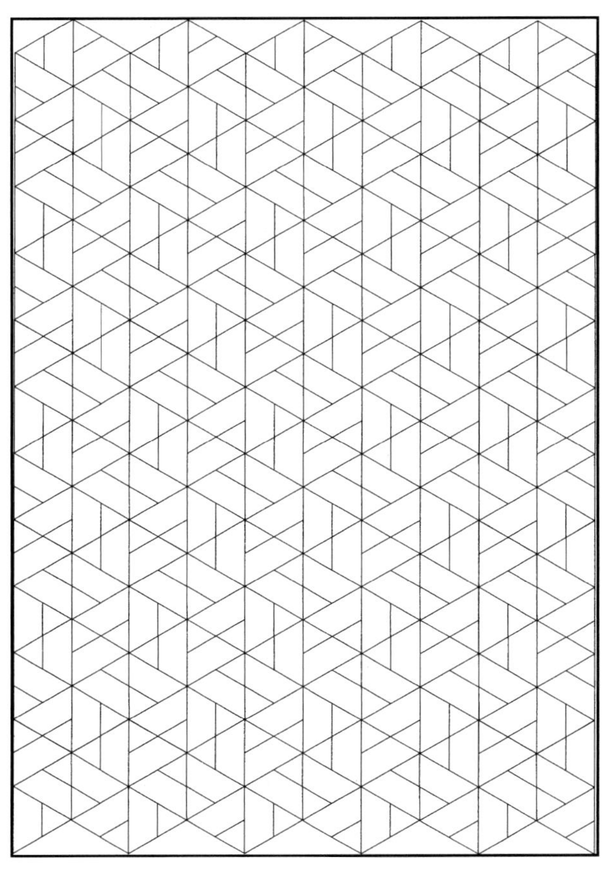

3.01 Hütten

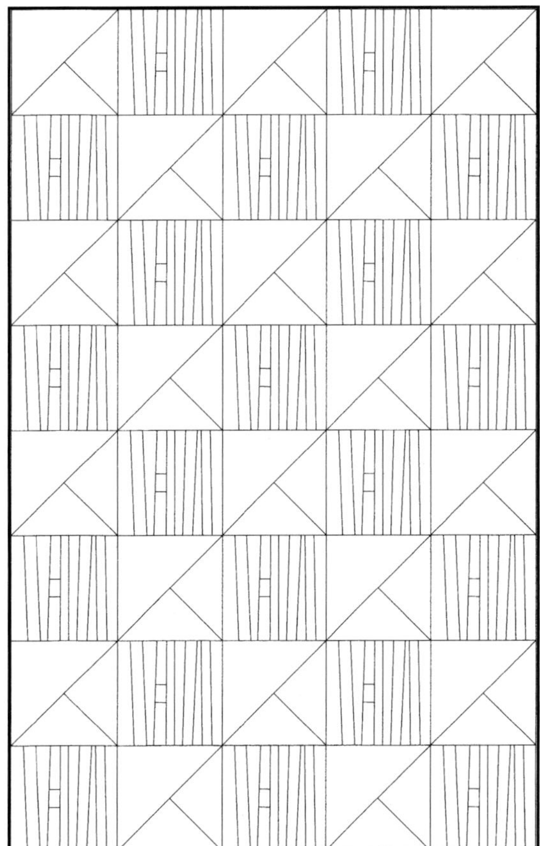

3.02 Facetten-Stern

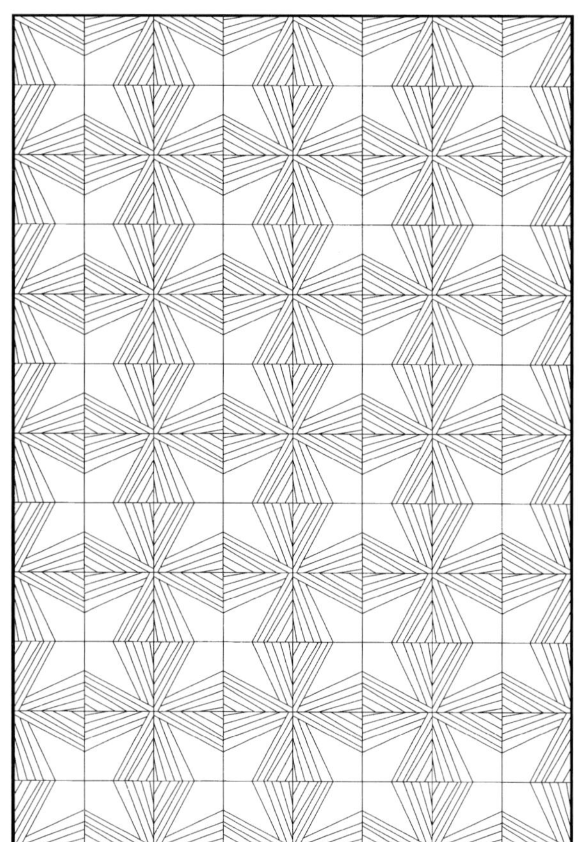

3.03 54:50 Scrap Star

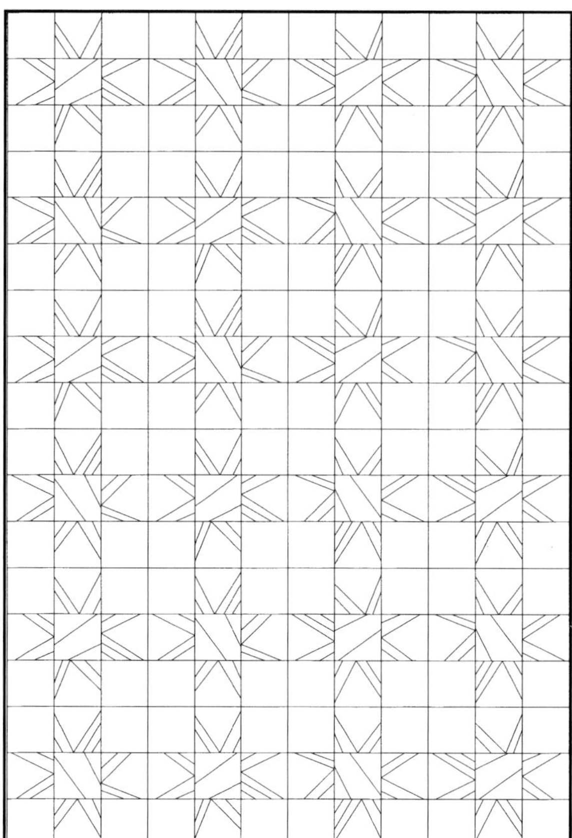

3.04 Flechtstern

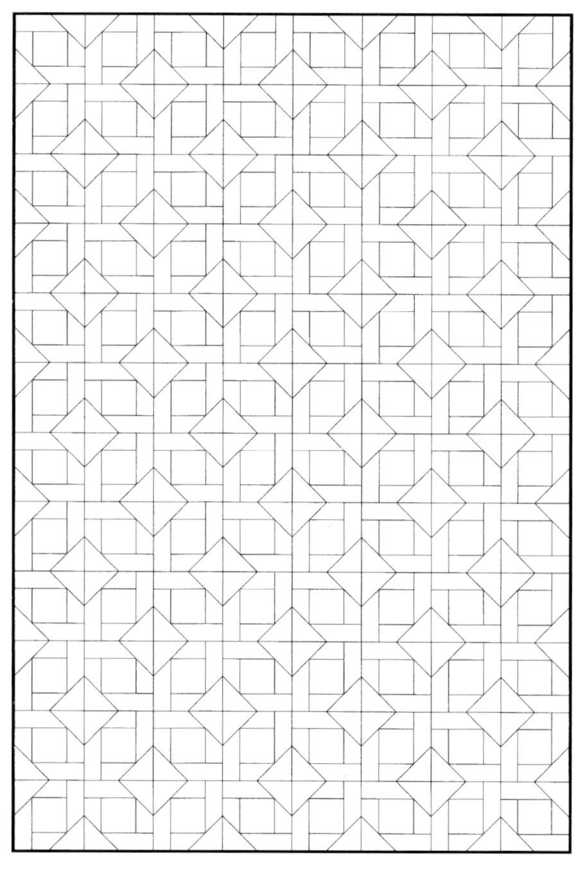

4.01 Rechtecke (1)

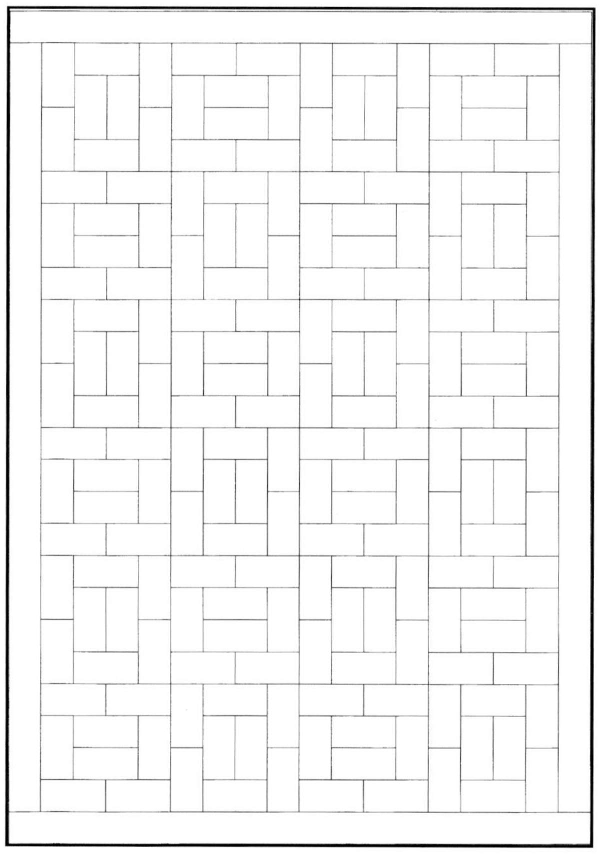

4.01 Rechtecke (2)

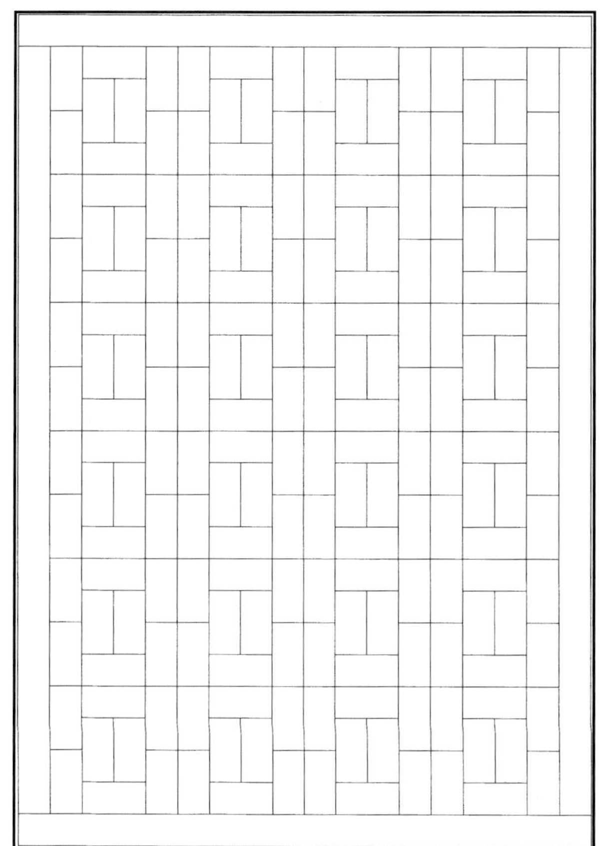

4.01 Rechtecke (3)

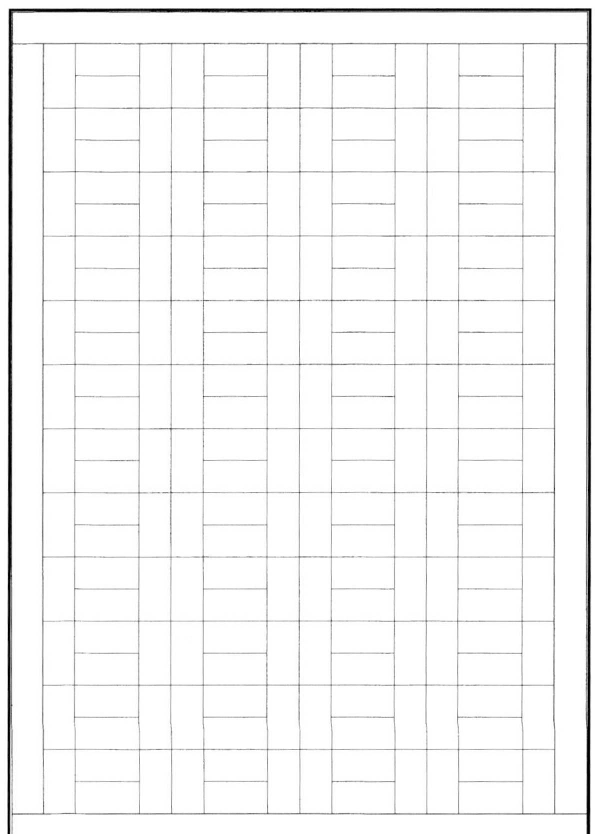

4.01 Rechtecke (4)

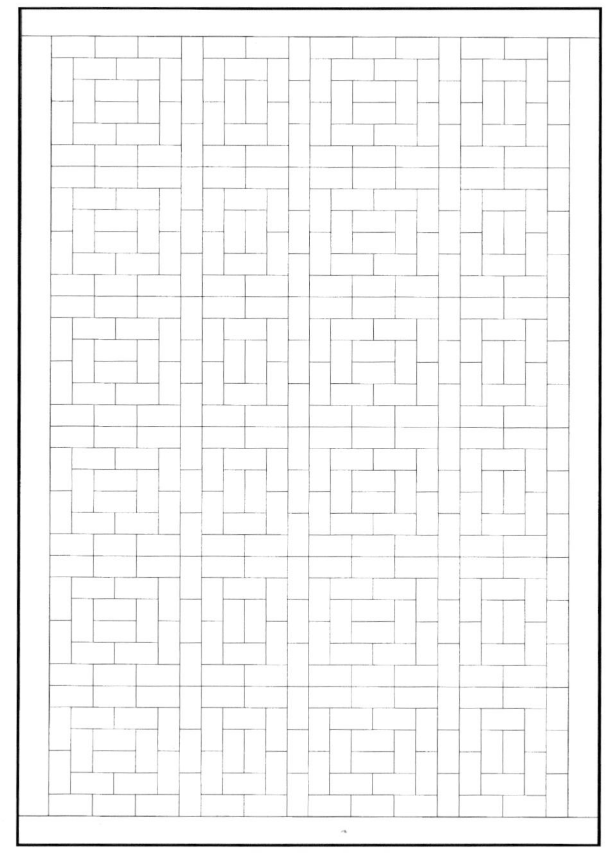

4.01 Rechtecke (5)

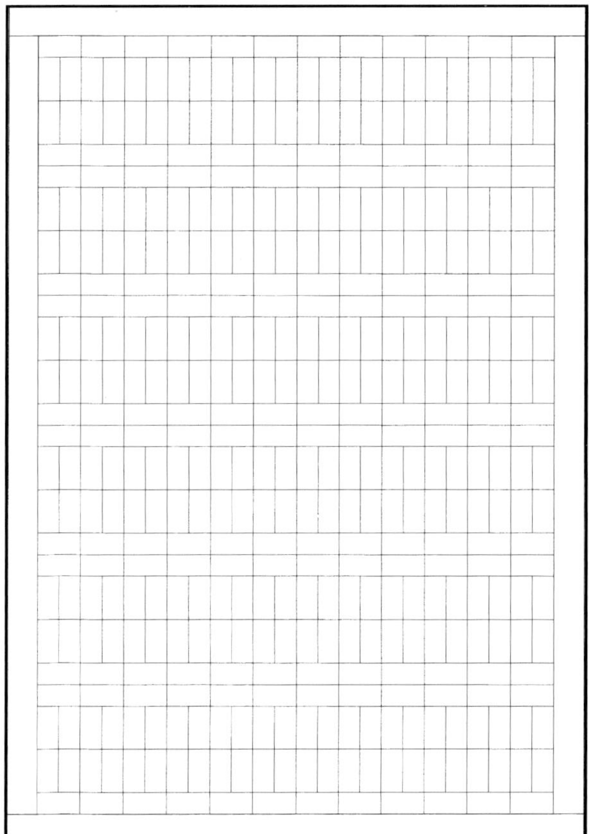

4.02 Ziegelsteine

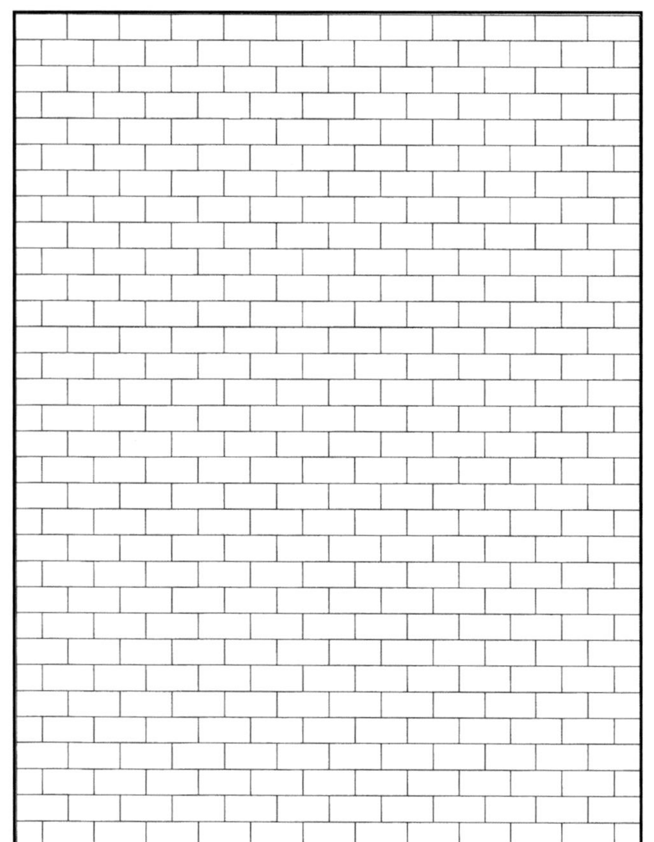

4.03 Fischgrät

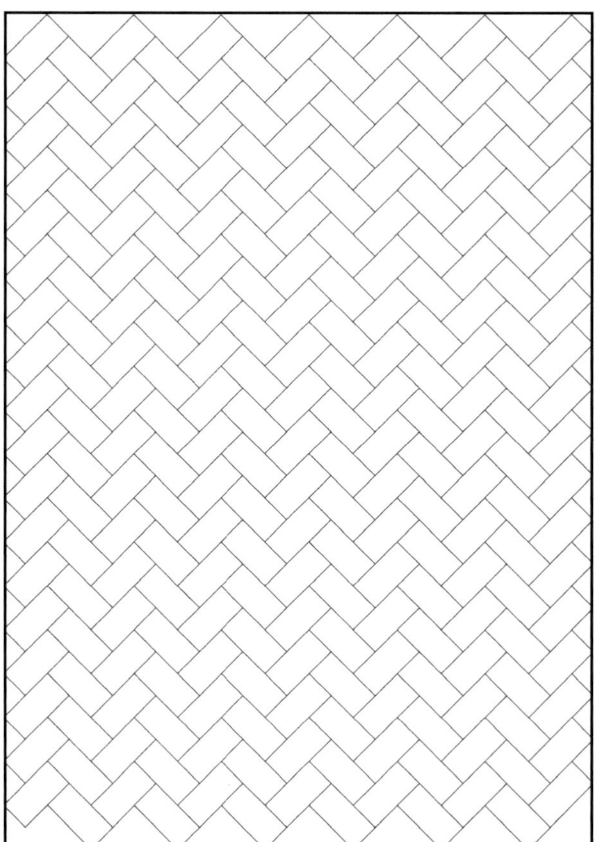

4.04 Endless Star

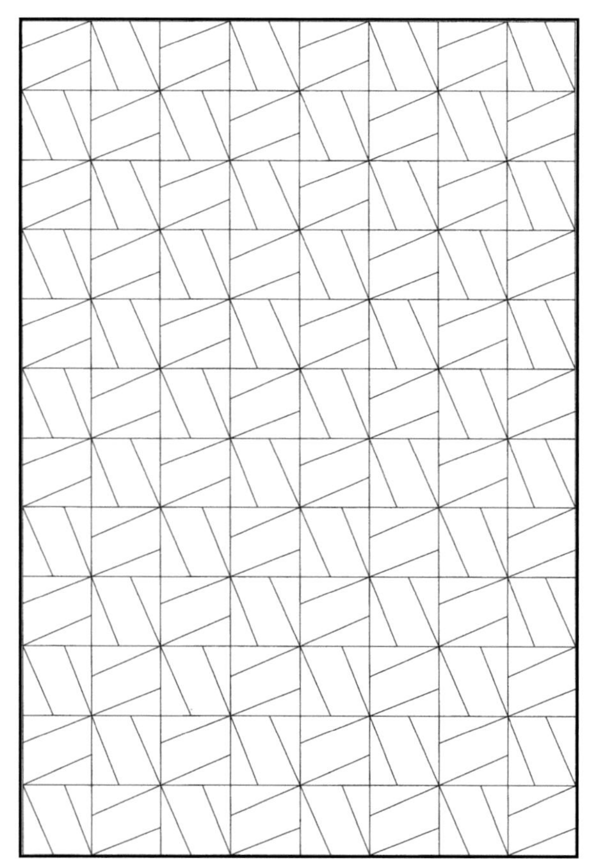

5.01 Flic Flac

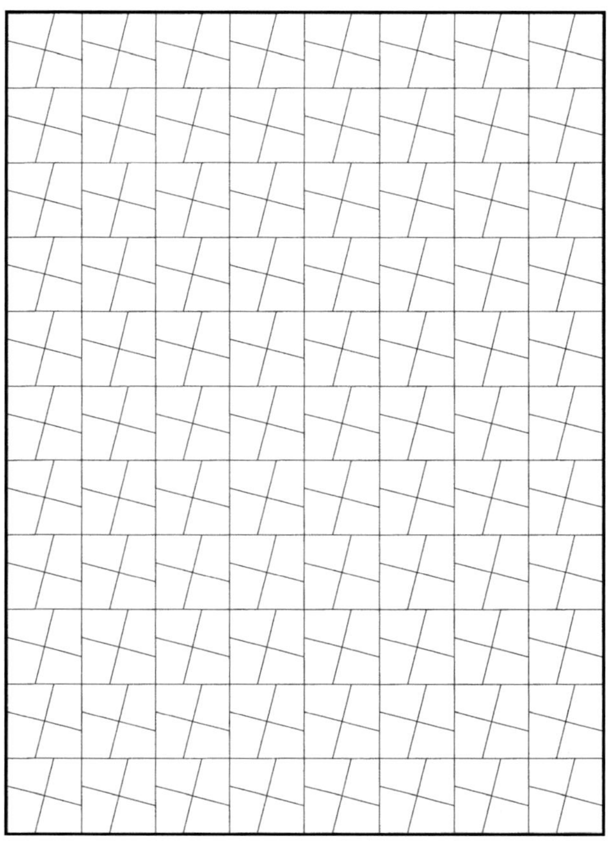

5.02 Kaleidoskop

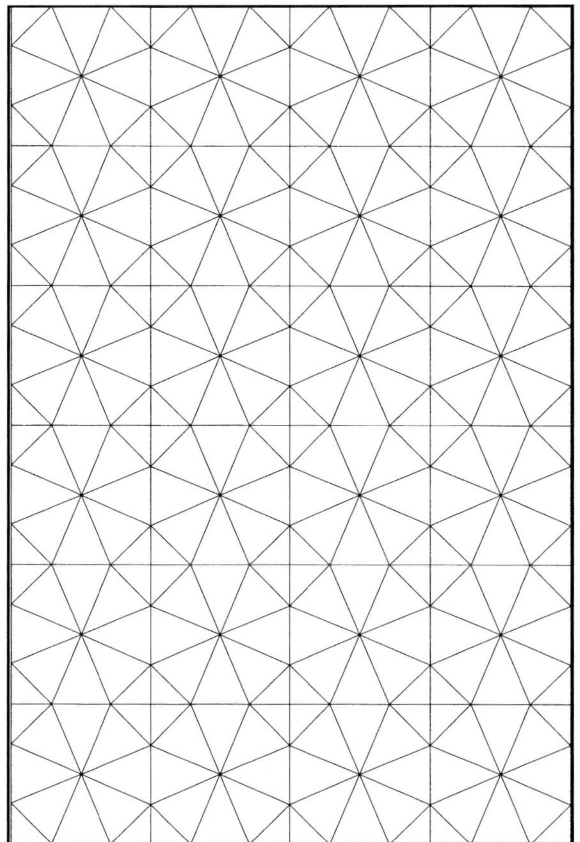

5.03 Meereswellen

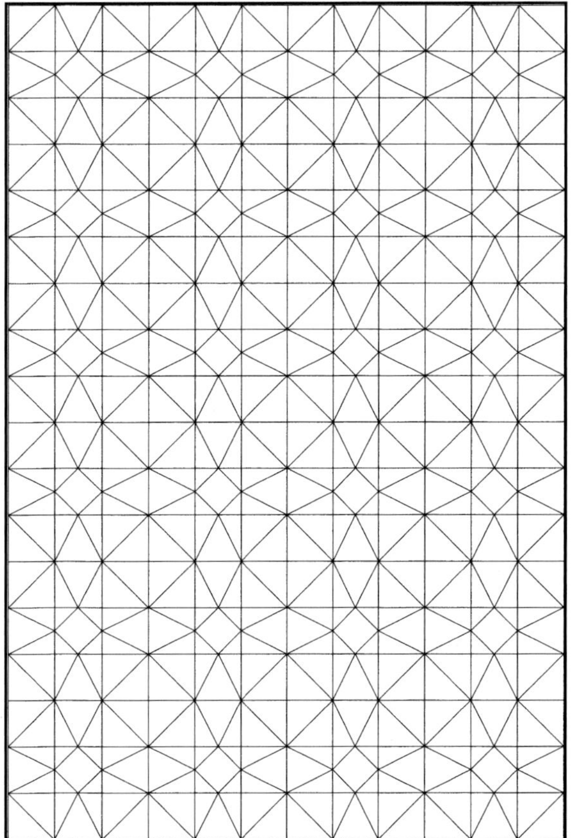

6.01 Kolibri

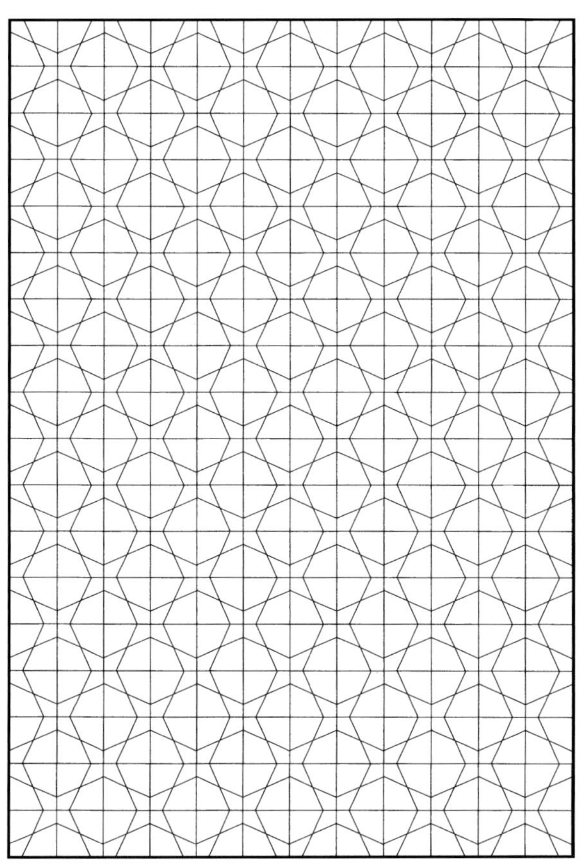

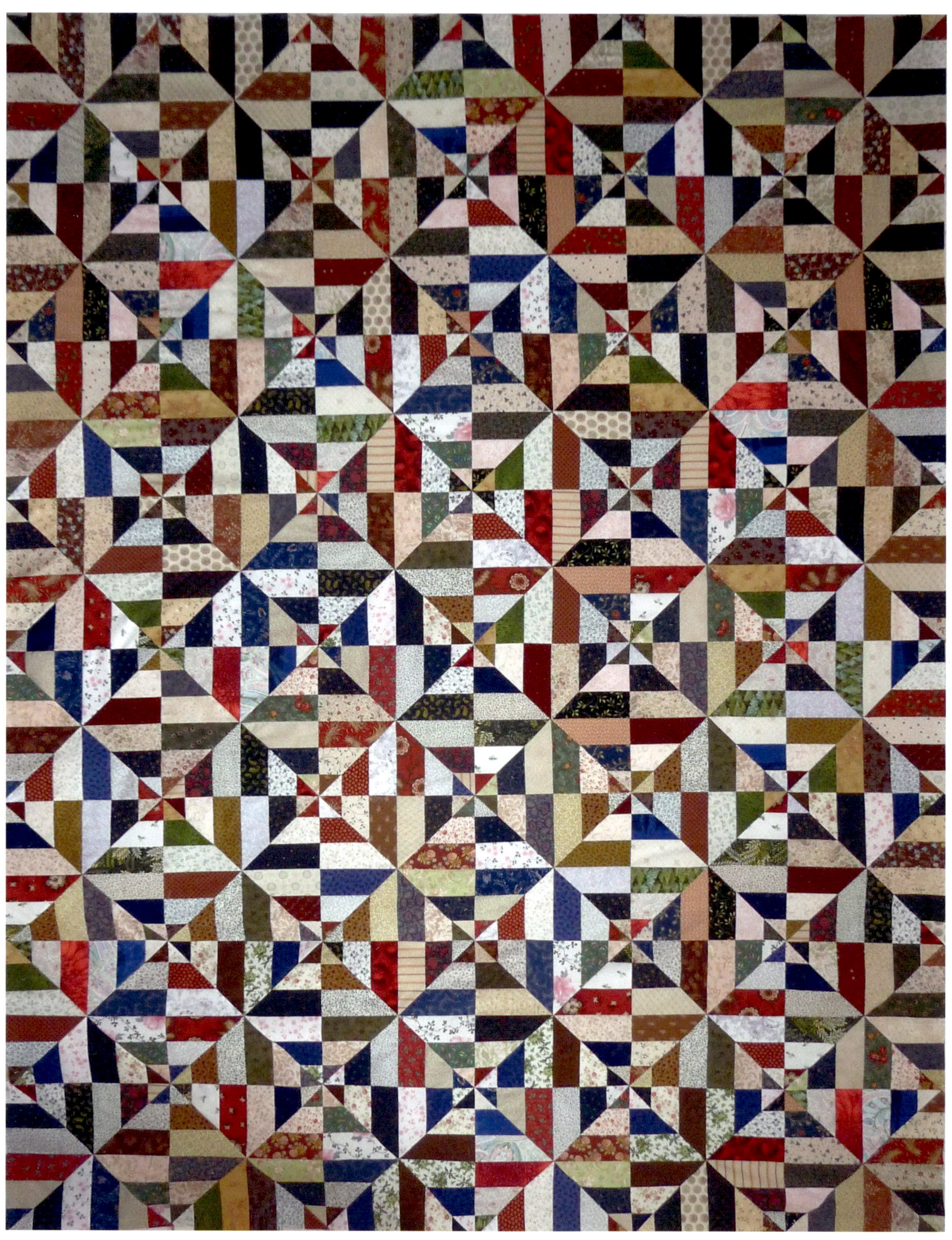

Jelly III, multicolour, 2014, 221,5 x 166,5 cm

Vorbemerkung zu Inch und Zentimeter:
Wenn Sie 2,5-Inch-Streifen (= 6,34 cm) haben, aber metrisch arbeiten wollen, nähen Sie bitte die erste Naht für die Streifentücher mit einem Inch-Füßchen. Danach können Sie metrisch weiterarbeiten, so als hätten Sie Streifen von 6,5 cm gehabt. Wenn Sie mit metrischen Streifen arbeiten (6,5 cm) dann nähen Sie wie immer.

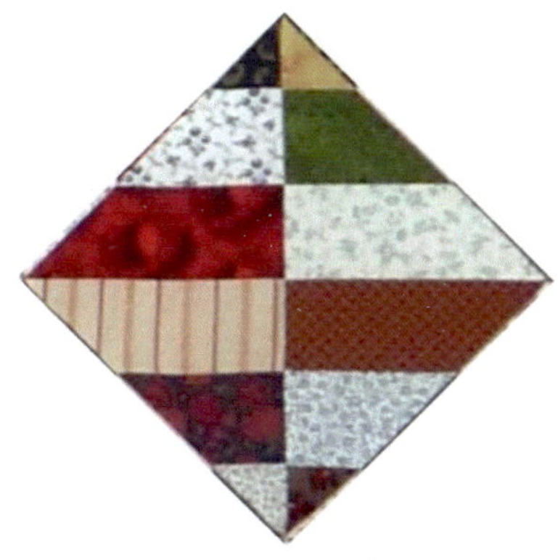

FM: 19,5 x 19,5 cm
(Diagonale reichlich 27,5 cm)

Zuschnitt

Jelly Rolls (Rollimopsis) oder Streifen **Breite 2,5 Inch // 6,5 cm**

Nähanleitung:

a) 3 Streifentücher in Hell-Dunkel-Kombination nähen und ...

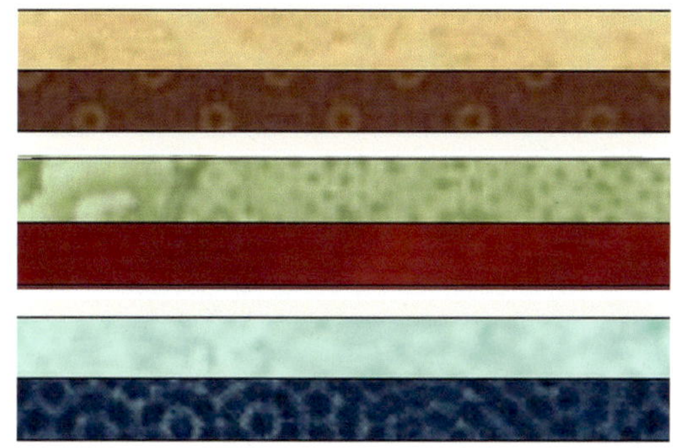

b) ... bügeln, dabei die Nahtzugaben immer unter den dunklen Stoff bügeln.

c) Die Streifentücher aneinanderfügen, dabei die Nährichtung ändern.

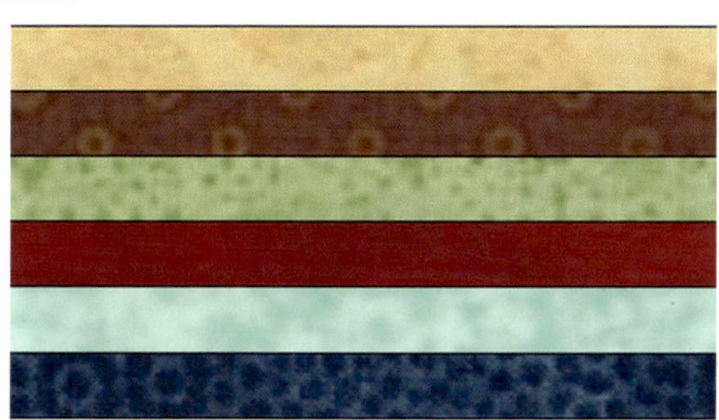

d) Das Streifentuch der Länge nach zusammenlegen, zu einem Tunnel zusammennähen und ...

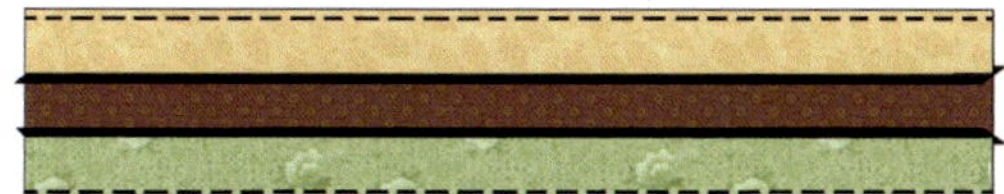

e) ...noch einmal bügeln.

f) Von dem doppellagigen Streifentuch Quadrate abschneiden, das Maß richtet sich nach der Streifentuchbreite (doppellagig)

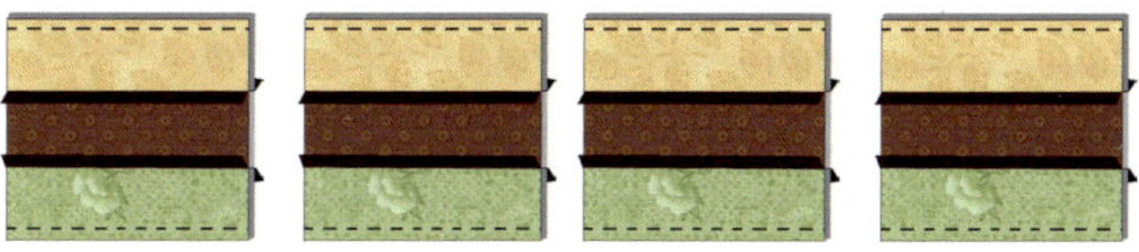

f) Alle „Doppel-Quadrate“ in der gleichen Richtung teilen (siehe Grafik).

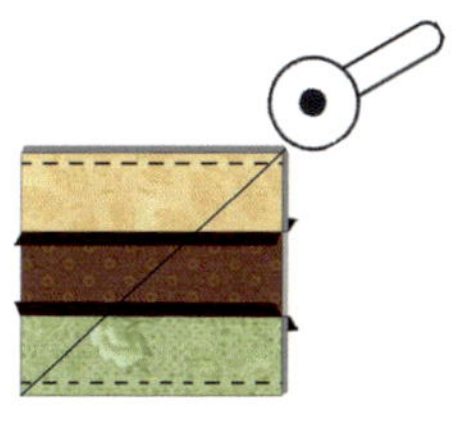

g) An den Spitzen 2-3 Stiche „aufknibbeln“. So entstehen 2 gleiche Dreiecke.

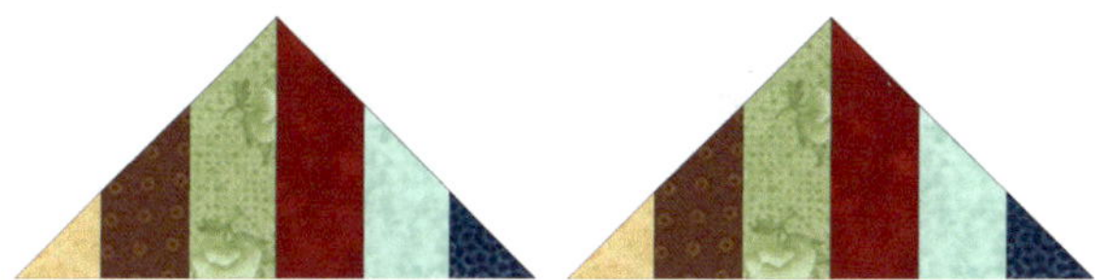

h) Je 2 Dreiecke zu Quadraten zusammennähen. Da der Block über Eck steht, werden auch Dreiecke benötigt um den Rand aufzufüllen, deshalb nicht alle Dreiecke zu Quadraten zusammennähen.

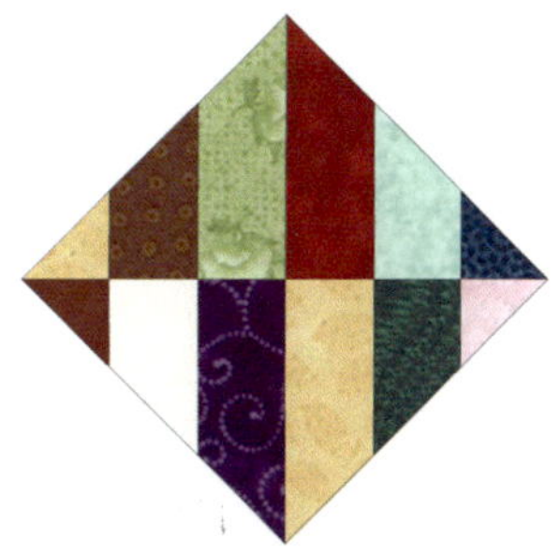

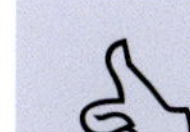 **Mein Tipp:** Das Zusammennähen wird wesentlich von der Lage der Nahtzugaben beeinflusst. Deshalb ist es wichtig, dass die Nahtzugaben immer unter dem dunklen Stoff liegen.

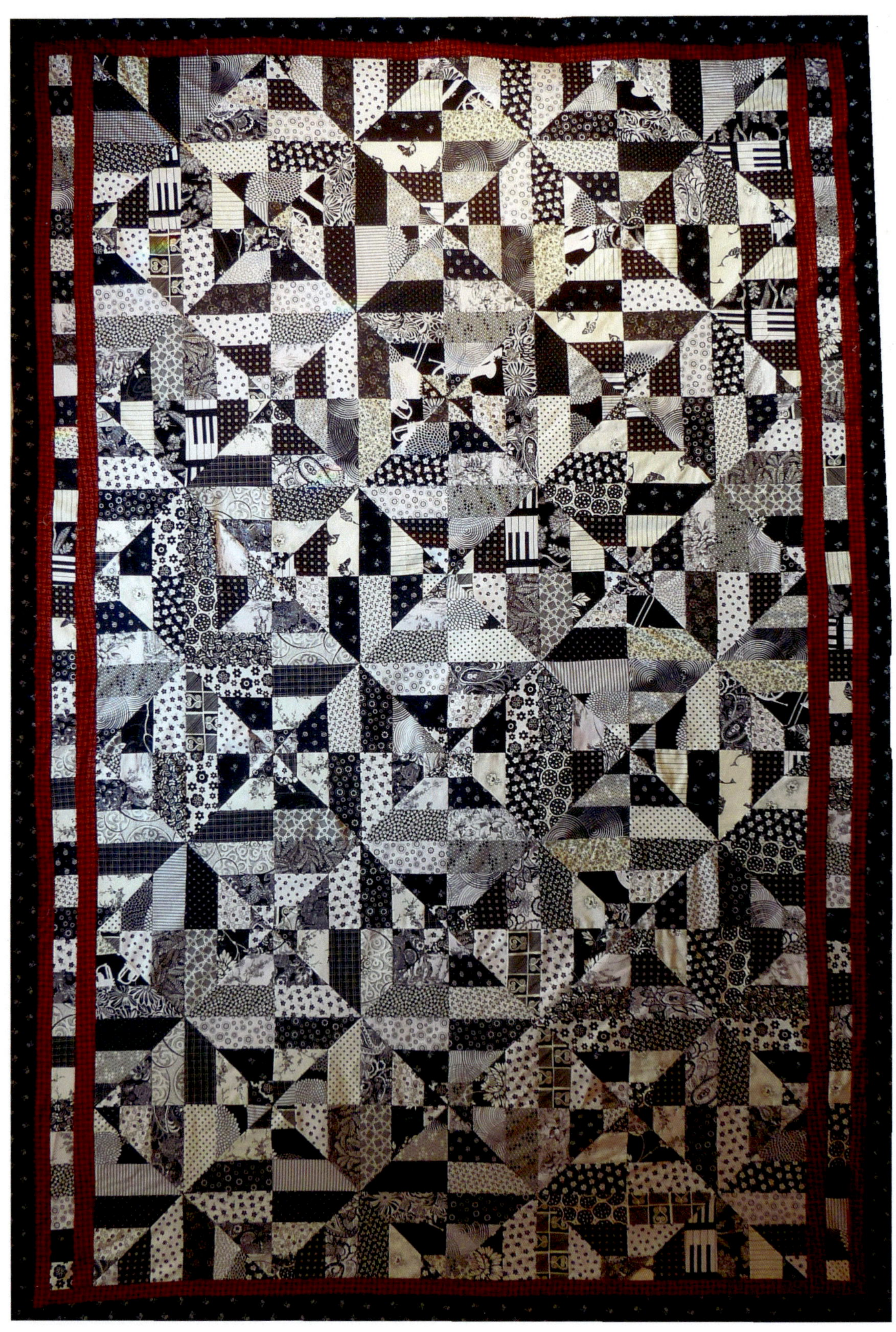

Jelly III, 2014, 202 x 135 cm